한국어문법의 이론과 실제

저자 박덕유 · 이옥화 · 송경옥

박문사

우리가 살아가는 삶에도 원리가 있듯이 모든 학문은 원리와 실제로 이루어진다. 그러므로 외국어로서의의 한국어를 배우는 데도 원리를 익혀야 하는데 그것이 문법이다. 일반적으로 문법은 딱딱하고 매우 어려운 영역으로 생각하기 때문에 회피하는 경향이 많다. 따라서 많은 사람들은 연역적인 학문의 입장에서 의사소통을 중시하여 문법은 자연적으로 체득하는 것으로 생각한다. 그러나 이는 언어를 습득하는 차원에서 가능한 것이다. 외국어를 학습하는 한국어교육에서는 오히려 귀납적인 특성이 더 강해 문법 학습을 선행하는 것이 외국어를 잘 배울 수 있는 첩경일 수 있다.

당구를 잘 치는 비결은 무조건 당구를 많이 치는 것이 능사가 아니다. 당구를 잘 치는 비결에도 원리가 있다. 당구의 원리를 먼저 학습하고 당구를 치면 당구를 훨씬 잘 칠 수 있다. 이는 언어 생활에도 그대로 적용된다. 말하고 듣기에도 원리가 있고, 읽고 쓰기에도 원리가 있듯이 의사소통의 기저에 문법의 원리가 있기 때문에 문법의 기초를 학습하는 것이 매우 중요하다.

본서는 크게 한국어 문법의 이론과 실제로 나누어 구성하였다. 그 이론의 틀은 학교문법의 체계를 따랐다. 학교문법은 문법의 용도 내지는 목표 면으로 볼 때 실용문법으로 우리의 언어생활을 올바르게 하기 위하여 규칙을 정하고, 학교 현장에서 교육하는 문법이므로 학교문법(school grammar) 또는 교육문법(didactic grammar)이라고 한다. 따라서 학교문법은 학습자들로 하여금 정확하고 효율적인 언어생활을 할 수 있도록 내용을 통일적으로 체계화시킨 문법이므로 그 내용은 문법학자의 학문적인 연구체계일 수 없고, 어느 개인이나 학파의 독단적 학설이나 체계일 수도 없다. 특히, 우리말은 정서적 언어의 특징을 지니고 있어서 논리성이 결여되기 쉽고, 이는 곧 현대국어의 혼란성으로 연계된다. 그러므로 한국어를 배우려는 학습자들은 문법교육을 단계적으로 교육함으로써 지적 수준을 높이고 체계화하여 그 문법 지식을 실제 언어생활에 적용할 수 있도록 해야 할 것이다.

더욱이 21세기의 언어는 컴퓨터와 인터넷의 보급으로 일상적인 언어를 온라인상에서 사용하기 쉽게 변형시켜 어법에 상관없이 편리하게 사용하고 있어 '어법에 맞지 않은 표현'이 상당히 많아 우리 언어의 파괴 현상으로까지 치닫고 있는 실정이다. 이러한 상황 속에서 외국어로서의 한국어를 배우려는 학습자들은 한국어를 정확하고 바르게 사용하도록 문법을 학습해야 한다.

이에 본서의 특징은 다음과 같다.

첫째, 한국어 문법에 관심 많은 학습자들이 독학으로도 학습할 수 있도록 기초적인 내용부터 실었다. 둘째, 보다 심화된 학습 내용을 알고 싶어하는 독자를 위해 '참고'에 더 알아야 할 내용을 실었다. 셋째, 문법의 이론적 내용을 '발음', '단어', '문장' 순으로 하되, 이론과 실제를 병용하는 학습법을 따랐다. 예를 들어 '발음' 편에서는 음운(자음, 모음), 음절구조, 받침, 음운 규칙 등 이론을 제시하고, 이를 이해하기 쉽도록 자음과 모음을 쓰는 순서와 음절을 만드는 방법의 실제를 연습하도록 했다. 넷째, 실제 편인 '표현'에서는 외국인 학습자들이 많이 사용하는 '진행, 정도, 추측, 순서, 목적, 강조, 당위' 등 35개의 문법 항목을 만들고, 각 항목마다 더 세분하여 세부 항목마다 '의미, 문법 형태, 사용' 영역으로 나누어 구체적인 내용을 제시하였다.

문법은 어려운 것이 아니라 도움을 주는 안내서라고 생각해야 한다. 낯선 산을 등산하려면 반드시 그 산의 안내도를 먼저 익혀야 하듯이 문법을 학습하는 것은 반드시 필요한 일이다. 본서가 외국인들에게 한국어 문법을 가르치려는 교사들의 지침서요 그 안내서가 되기를 기대한다. 아울러 본서를 출판해 주신 박문사의 윤석현 사장님과 편집을 맡아 주신 이신 대리님 등 관계자 모든 분들께 진심으로 고마움을 전한다.

2013년 1월
저자 씀

목차

제 1 장

발음

한국어문법의 이론과 실제

발음

1 모음과 자음

1.1. 모음(Vowels)

1.1.1. 모음의 종류

폐로부터 내쉬는 숨이 목청 사이를 지나면서 아무런 장애를 받지 않고 입안에서 목청을 울리면서 나는 소리를 모음(vowels)이라 한다. 모음의 종류에는 입안의 소리를 발음하는 도중에 입술이나 혀가 고정되어 움직이지 않는 소리인 단모음과 소리를 내는 도중에 입술 모양이나 혀의 위치가 처음과 나중이 달라지는 소리인 이중모음이 있다.

(1) 혀의 앞뒤의 위치에 따른 분류

단모음은 혀의 앞뒤의 위치에 따라(이분법) 전설모음과 후설모음으로 나뉜다. 전설모음은 혀의 앞쪽에서 발음되는 모음(ㅣ, ㅔ, ㅐ, ㅚ, ㅟ)이고,

후설모음은 혀의 뒤쪽에서 발음되는 모음(ㅡ, ㅓ, ㅏ, ㅜ, ㅗ)이다.

(2) 혀의 높낮이에 따른 분류

혀의 높낮이에 따라(삼분법) 고모음, 중모음, 저모음이 있다. 고모음은 입을 조금 벌려서 혀의 위치가 높은 모음(ㅣ, ㅟ, ㅡ, ㅜ)이고, 중모음은 혀의 위치가 중간인 모음(ㅔ, ㅚ, ㅓ, ㅗ)이며, 저모음은 입을 크게 벌려서 혀의 높이가 낮은 모음(ㅐ, ㅏ)이다.

(3) 입술 모양에 따른 분류

입술의 모양에 따라 원순모음과 평순모음으로 나뉜다. 원순모음은 입술을 둥글게 오므려 내는 모음(ㅚ, ㅟ, ㅜ, ㅗ)이고, 평순모음은 원순모음이 아닌 모음(ㅏ, ㅓ, ㅡ, ㅣ, ㅔ, ㅐ)이다.

(4) 단모음(10자)과 이중모음(11자)의 발음기호

단모음	발음	이중 모음	발음
ㅏ	[a]	ㅑ	[ja]
ㅓ	[ə]	ㅕ	[jə]
ㅗ	[o]	ㅛ	[jo]
ㅜ	[u]	ㅠ	[ju]
ㅡ	[ɰ]	ㅢ	[ɰi]
ㅣ	[i]		
ㅔ	[e]	ㅒ	[jɛ]
ㅐ	[ɛ]	ㅖ	[je]
ㅚ	[ö/we]	ㅘ	[wa]
ㅟ	[ü/wi]	ㅝ	[wə]
		ㅙ	[wɛ]
		ㅞ	[we]

참고 학교문법의 국어의 모음체계

혀의 앞뒤	전설모음		후설모음	
혀의 높이	평 순	원 순	평 순	원 순
고 모 음	ㅣ	ㅟ	ㅡ	ㅜ
중 모 음	ㅔ	ㅚ	ㅓ	ㅗ
저 모 음	ㅐ		ㅏ	

참고 모음 사각도와 발음기관

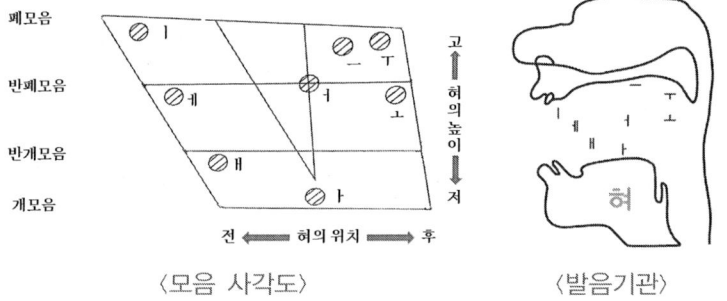

〈모음 사각도〉   〈발음기관〉

1.1.2. 모음 쓰기의 방법과 순서

한국어의 모음을 쓸 때에는 다음과 같은 방법과 순서를 따른다.

① 위에서 아래로, 왼쪽에서 오른쪽으로 쓴다.

예

② 모음은 'ㅏ, ㅓ, ㅗ, ㅜ, ㅡ, ㅣ'의 형태로 자음과 결합하여 '가, 거, 고, 구, 그 기'처럼 완전한 글자를 만들지만 모음 자체만으로도 글자를 이룬다. 모음만으로 글자를 만들 때에는 하나의 음절 모양을 갖추기 위해 'ㅇ'을 앞에 쓴다. 이 경우 'ㅇ'은 음가가 없다.

예 아, 어, 오, 우, 으, 이

③ 'ㅇ'은 'ㅏ, ㅓ, ㅣ, ㅔ, ㅐ'의 왼쪽에 쓰고, 'ㅗ, ㅜ, ㅡ, ㅚ, ㅟ'의 위쪽에 쓴다.

 예 아, 어, 이, 에, 애, 오, 우, 으, 외, 위

읽으면서 써 보세요.

글자 모양	쓰는 순서	연습			
아	아				
어	어				
오	오				
우	우				
으	으				
이	이				
애	애				

글자 모양	쓰는 순서	연습				
에	에					
외	외					
위	위					
ㅑ	야					
ㅕ	여					
ㅛ	요					
ㅠ	유					
ㅒ	얘					
ㅖ	예					
ㅘ	와					
ㅝ	워					

글자 모양	쓰는 순서	연습				
ㅐ	왜					
ㅖ	웨					
ㅢ	의					

1.2. 자음(Consonants)

1.2.1. 자음의 종류

목청을 통과한 공기의 흐름이 입안 또는 입안의 어떤 자리가 완전히 막히거나 좁혀지거나 함으로써 방해를 받고 나는 소리를 자음이라 한다. 자음의 종류에는 소리 내는 자리(조음위치)에 따라 양순음, 치조음, 경구개음, 연구개음, 후음 등이 있다.

(1) 소리를 내는 위치에 따른 분류

입술소리인 양순음은 두 입술에서 나는 소리(ㅂ, ㅃ, ㅍ ; ㅁ)이며, 혀끝소리인 치조음은 혀끝과 윗잇몸 사이에서 나는 소리(ㄷ, ㄸ, ㅌ ; ㅅ, ㅆ ; ㄴ ; ㄹ)이다. 그리고 경구개음은 혓바닥과 경구개 사이에서 나는 소리(ㅈ, ㅉ, ㅊ)이고, 연구개음은 혀의 뒷부분과 연구개에서 나는 소리(ㄱ, ㄲ, ㅋ ; ㅇ)이며, 목청소리인 후음은 목청 사이에서 나는 소리(ㅎ)이다.

(2) 소리를 내는 방법에 따른 분류

소리를 내는 방법(조음방법)에 따라서는 크게 저지음과 공명음으로 분류된다. 안울림소리인 저지음에는 파열음, 마찰음, 파찰음이 있다. 파열음은 폐에서 나오는 공기를 막았다가 그 막은 자리를 터뜨리면서 내는 소리(ㅂ, ㅃ, ㅍ ; ㄷ, ㄸ, ㅌ ; ㄱ, ㄲ, ㅋ)이고, 마찰음은 입안이나 목청 사이의 통로를 좁혀서, 공기가 그 사이를 비집고 나오면서 마찰하여 나는 소리(ㅅ, ㅆ ; ㅎ)이며, 파찰음은 공기의 흐름을 막는 파열음의 특성과 통로를 좁혀서 내는 마찰음의 특성 두 가지 성질을 모두 갖는 소리(ㅈ, ㅉ, ㅊ)이다.

(3) 저지음과 공명음의 분류

저지음(파열음, 마찰음, 파찰음)은 다시 예사소리(평음)(ㅂ, ㄷ, ㄱ, ㅈ), 된소리(경음)(ㅃ, ㄸ, ㄲ, ㅉ), 거센소리(격음)(ㅍ, ㅌ, ㅋ, ㅊ) 등으로 나뉜다.

울림소리인 공명음은 비음과 유음으로 나뉘는데, 비음은 입안의 통로를 막고 코로 공기를 내보내면서 내는 소리(ㅁ, ㄴ, ㅇ)이고, 유음은 혀끝을 잇몸에 가볍게 대었다가 떼거나('나라'의 'ㄹ'), 혀끝을 잇몸에 댄 채 공기를 그 양 옆으로 흘러 보내면서 내는 소리('달'의 'ㄹ')이다.

(4) 한국어 자음(19자)의 발음기호

ㄱ	ㄴ	ㄷ	ㄹ	ㅁ	ㅂ	ㅅ	ㅇ	ㅈ	ㅎ
[k/g]	[n]	[t/d]	[r/l]	[m]	[p/b]	[s]	[n]	[ʥ]	[h]
ㅋ		ㅌ			ㅍ			ㅊ	
[kʰ]		[tʰ]			[pʰ]			[ʨʰ]	
ㄲ		ㄸ			ㅃ	ㅆ		ㅉ	
[k']		[t']			[p']	[s']		[ʨ']	

참고 한국어 자음 체계와 발음기관

조음 방법 \ 조음 위치			두입술	윗잇몸 혀 끝	경구개 혓바닥	연구개 혀 뒤	목청사이
안울림 소 리 (저지음)	파열음	예사소리	ㅂ	ㄷ		ㄱ	
		된 소 리	ㅃ	ㄸ		ㄲ	
		거센소리	ㅍ	ㅌ		ㅋ	
	파찰음	예사소리			ㅈ		
		된 소 리			ㅉ		
		거센소리			ㅊ		
	마찰음	예사소리		ㅅ			ㅎ
		된 소 리		ㅆ			
울 림 소 리 (공명음)	비음(鼻音)		ㅁ	ㄴ		ㅇ	
	유음(流音)			ㄹ			

▶ 발음기관

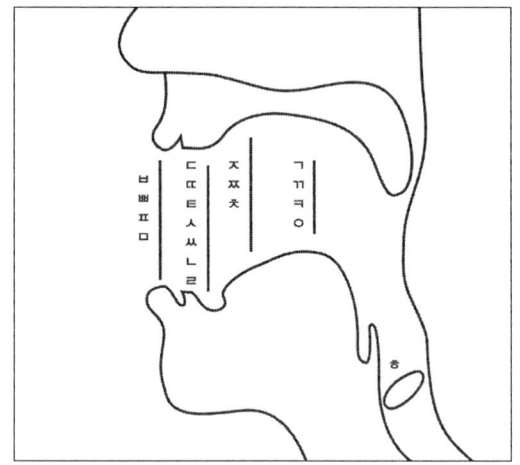

1.2.2. 자음의 명칭과 쓰기 순서

자음의 명칭과 쓰는 순서는 다음과 같다.

자음	이름	쓰는 순서	연습				
ㄱ	기역						
ㄴ	니은						
ㄷ	디귿						
ㄹ	리을						
ㅁ	미음						
ㅂ	비읍						
ㅅ	시옷						
ㅇ	이응						

자음	이름	쓰는 순서	연습				
ㅈ	지읒	ㅈ					
ㅊ	치읓	ㅊ					
ㅋ	키읔	ㅋ					
ㅌ	티읕	ㅌ					
ㅍ	피읖	ㅍ					
ㅎ	히읗	ㅎ					
ㄲ	쌍기역	ㄲ					
ㄸ	쌍디귿	ㄸ					
ㅃ	쌍비읍	ㅃ					

자음	이름	쓰는 순서	연습
ㅆ	쌍시옷	ㅆ	
ㅉ	쌍지읒	ㅉ	

참고 한글(훈민정음)의 우수성과 제자원리

(1) 한글의 우수성

한글은 독창적이며 과학적인 점에서 세계적으로 우수한 문자이다. 그 이유는 첫째로 다른 나라의 문자로부터 영향을 받은 것이 아니라 독창적으로 발음기관과 천지인(天地人)을 본뜬 상형의 원리로 세종 때 만들어진 것이다. 둘째로 문자를 만든 사람과 연대가 정확하다. '훈민정음'으로 1443년(세종 25년) 음력 12월에 세종이 창제하였다. 그 뒤 집현전 학자들이 이에 대한 해례를 짓고 시험적으로 사용한 뒤, 1446년 음력 9월 상순에 반포하였다.

(2) 초성(자음) 17자의 체계

오음	상형(발음기관)	기본자	가획	이체
아음 (연구개음)	혀뿌리가 목구멍을 막는 꼴	ㄱ	ㅋ	ㆁ
설음 (치조음)	혀가 윗잇몸에 붙는 꼴	ㄴ	ㄷ, ㅌ	ㄹ (반설)
순음 (양순음)	입의 꼴	ㅁ	ㅂ, ㅍ	
치음	이의 꼴	ㅅ	ㅈ, ㅊ	ㅿ (반치)
후음 (성문음)	목구멍의 꼴	ㅇ	ㆆ, ㅎ	

2 음절 구조

음절은 하나의 발음 단위인 소리의 덩어리로서 모음과 자음이 결합되어 이루어진다. 한국어에서 음절이 만들어지려면 반드시 음절의 핵심인 모음이 있어야 한다. 따라서 음절의 구조는 '모음(V)' 단독(이, 어, 애, 왜), '자음+모음(cV)'(가, 노, 대, 표), '모음+자음(Vc)'(앞, 열, 옷, 왕), '자음+모음+자음(cVc)'(감, 돌, 별, 집) 등을 들 수 있다. 음절을 구성할 때, 우선, 음절의 첫소리로 올 수 있는 자음은 모두 18개이며, 자음의 '이[ŋ]'은 첫소리에 올 수 없다. 그리고 자음 단독으로는 음절을 이루지 못한다.

2.1. 한국어 음절 구조의 특성

음절(syllable)이란 공명도(sonority)가 높은 음절 주음이 되는 모음을 중심으로 하나의 글자의 단락을 이룬 최소의 음성연쇄로 일종의 발음의 단위이다. 국어의 문자 체계에 있어서 한글은 음소문자이지만, 표기에 있어서는 음절(모아쓰기) 단위로 기호화하고 있다. 국어의 음절은 종성 없이 모음으로 끝나는 개음절과 종성을 갖는 폐음절이 있으며, 초성이 자음으로 시작되는 경우 음절 두음 제약이 있다. 영어의 'stop'은 한 음절인데, 국어에서는 '스톱'으로 2개의 음절을 이룬다. 이는 두 언어 간의 음운론적 구조상의 차이 때문이다.

2.2. 음절 구성 방법

한국어는 음소문자이지만 서구어처럼 풀어쓰지 않는다. 영어의 경우

'success'라고 쓰듯이 'ㅅㅓㅇㄱㅗㅇ'으로 써야 하는데, '성공'으로 모아쓰기 방식을 사용한다. 이에 한국어의 음절 구성 방법을 보이면 다음과 같다.

(1) 모음(V)

> ㅏ = 아, ㅓ = 어

(2) 모음(V) + 자음(C)

> ㅏ + ㄱ = 악
> ㅗ + ㅅ = 옷

(3) 자음(C) + 모음(V)

> ㄱ + ㅏ = 가
> ㄴ + ㅗ = 노

(4) 자음(C) + 모음(V) + 자음(C)

> ㄱ + ㅏ + ㅇ = 강
> ㄱ + ㅗ + ㅇ = 공

2.3. 음절 쓰기와 읽기 연습

(1) 음절 쓰기

한국어의 자음과 모음은 반드시 결합하여 쓴다. 이는 15세기에 규정한 부서법의 일종이다. 부서법은 초성과 중성이 합쳐질 때 중성(모음)이 놓이는 자리를 규정한 것으로 오늘날의 표기법도 이에 따르고 있다. 이 부서법은 자음과 모음의 음운을 음절이 한 글자처럼 인식시킨 것이다. 즉, 자음에 모음을 붙여씀으로써 하나의 음절이 되도록 적은 것이다. 부서법에

는 초성의 아래에 붙여쓰는 하서로 'ㅗ, ㅜ, ㅛ, ㅠ', 초성의 오른편에 붙여
쓰는 우서로 'ㅏ, ㅓ, ㅑ, ㅕ, ㅐ, ㅔ' 등이 있으며, 초성의 아래와 오른편에
붙여쓰는 '하서+우서'로 'ㅚ, ㅟ, ㅘ, ㅝ, ㅙ, ㅞ' 등이 있다.

모음 자음	ㅏ	ㅑ	ㅓ	ㅕ	ㅗ	ㅛ	ㅜ	ㅠ	ㅡ	ㅣ
ㄱ										
ㄴ										
ㄷ										
ㄹ										
ㅁ										
ㅂ										
ㅅ										
ㅇ										
ㅈ										
ㅊ										
ㅋ										
ㅌ										
ㅍ										
ㅎ										
ㄲ										

모음 자음	ㅏ	ㅑ	ㅓ	ㅕ	ㅗ	ㅛ	ㅜ	ㅠ	ㅡ	ㅣ
ㄸ										
ㅃ										
ㅆ										
ㅉ										

(2) 음절 읽기

ㄱ	가구	구두	가수	고기	고구마
ㄴ	나	너	나무	나비	네모
ㄷ	다리	다리미	두부	돼지	도로
ㄹ	라디오	루비	러시아	레코드	리본
ㅁ	무지개	머리	모자	모기	머리띠
ㅂ	비누	바나나	바지	바다	부부
ㅅ	사자	사과	시계	수도	소파
ㅇ	아이	어머니	아버지	의자	외모
ㅈ	지도	지구	주머니	주스	주소
ㅊ	차	치마	채소	고추	치즈
ㅋ	커피	카메라	쿠키	키위	코끼리
ㅌ	토마토	토끼	테니스	타조	투수
ㅍ	포도	피아노	피자	파도	파티
ㅎ	하마	호두	휴지	화가	해
ㄲ	까치	조끼	까마귀	도끼	꼬리
ㄸ	메뚜기	따다	뛰다	따로	따지다
ㅃ	뿌리	뽀뽀	뼈	오빠	빠르다

ㅆ	싸다	비싸다	씨	쓰다	쓰레기
ㅉ	짜다	찌다	찌개	쪼가리	째다

3 받침

음절을 만드는 방법 중 '자음(C)+모음(V)+자음(C)'의 '곰, 돌' 경우처럼 마지막에 들어가는 자음 'ㅁ', 'ㄹ'을 받침이라고 한다. 한국어의 음절에는 '가고, 오다'처럼 받침이 없는 것도 있지만, '강, 등산'처럼 받침이 있는 것이 많다. 그리고 받침이 있는 경우에도 '북, 몸, 맛'처럼 홑받침을 사용하는 경우와 '흙, 넋' 처럼 겹받침을 사용하는 경우가 있다.

3.1. 받침 발음

3.1.1. 홑받침 발음

(1) 받침 규칙

한국어의 자음은 대부분 받침으로 쓸 수 있다. 그러나 한국어의 받침은 [ㄱ,ㄴ,ㄷ,ㄹ,ㅁ,ㅂ,ㅇ] 의 7개만 발음한다.

받침	대표음	예
ㄱ, ㅋ, ㄲ	[ㄱ]	책[책], 부엌[부억], 밖[박]
ㄴ	[ㄴ]	산[산]
ㄷ, ㅅ, ㅆ, ㅈ, ㅊ, ㅌ, ㅎ	[ㄷ]	숟가락[숟까락], 옷[옫], 있다[읻따], 낮[낟], 꽃[꼳], 끝[끋], 히읗[히읃]
ㄹ	[ㄹ]	팔[팔]
ㅁ	[ㅁ]	몸[몸]
ㅂ, ㅍ	[ㅂ]	입[입], 잎[입]
ㅇ	[ㅇ]	공[공]

(2) 읽기

[ㄱ]	책	수박	부엌	밖	깎다	낚시
[ㄴ]	산	눈	안경	전화	라면	칠판
[ㄷ]	숟가락	젓가락	꽃	낯	낮	있다
[ㄹ]	팔	달력	달	얼굴	말	물
[ㅁ]	몸	컴퓨터	곰	삼	엄마	밤
[ㅂ]	입	잎	밥	컵	직업	무릎
[ㅇ]	공	병	비행기	빵	강	공항

3.1.2. 겹받침 발음

받침에 자음이 두 개 쓰인 것을 '겹받침'이라 한다. 겹받침일 경우 앞 자음이나 뒤 자음 중 하나만 발음한다.

앞 자음이 발음되는 경우			뒤 자음이 발음되는 경우		
겹받침	발음	예	겹받침	발음	예
ㄳ	[ㄱ]	넋[넉]	ㄺ	[ㄱ]	닭[닥]
ㄵ	[ㄴ]	앉다[안따]	ㄻ	[ㅁ]	삶[삼], 젊다[점따]
ㄼ	[ㄹ]	여덟[여덜], 넓다[널따]	ㄿ	ㅍ→[ㅂ]	읊다[읍따]
ㄽ	[ㄹ]	외곬[외골]			
ㄾ	[ㄹ]	핥다[할따]			
ㅄ	[ㅂ]	값[갑]			
ㄶ	[ㄴ]	많고[만코]			
ㅀ	[ㄹ]	싫다[실타]			

다만, (1) '밟-'은 자음 앞에서 [밥:]으로 발음한다.

> 예 밟다[밥:따]　　　밟소[밥:쏘]　　　밟지[밥:찌]
> 　밟는[밥:는→밤:는]　밟게[밥:께]　　　밟고[밥:꼬]

(2) '넓-'은 다음과 같은 경우에 [넙]으로 발음한다. 다만, '넓다'는 [널따]로 발음한다.

> 예 넓죽하다[넙쭈카다]　　넓둥글다[넙뚱글다]

(3) 'ㄺ'이 용언의 어간 말음일 경우, 'ㄺ'은 'ㄱ' 앞에서 [ㄹ]로 발음한다.

> 예 맑게[말께]　　　읽고[일꼬]　　　묽거나[물꺼나]

3.2. 'ㅎ'의 발음

3.2.1. 격음화(거센소리)로 발음하는 경우

(1) 'ㅎ(ㄶ, ㅀ)' 뒤에 'ㄱ, ㄷ, ㅈ'이 결합되는 경우, 뒤 음절 첫소리와 합쳐서 [ㅋ, ㅌ, ㅊ]로 발음한다.

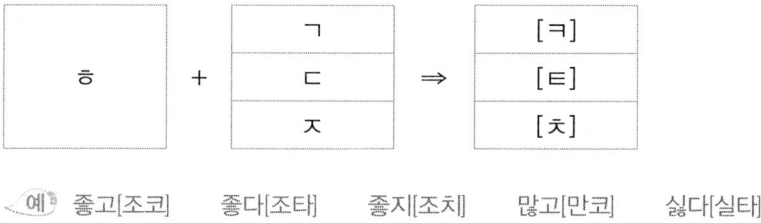

예 좋고[조코]   좋다[조타]   좋지[조치]   많고[만코]   싫다[실타]

(2) 받침 'ㄱ(ㄺ), ㄷ, ㅂ(ㄼ), ㅈ(ㄵ)'이 뒤 음절 첫소리 'ㅎ'과 결합되는 경우에도 두 소리를 합쳐서 [ㅋ, ㅌ, ㅍ, ㅊ]로 발음한다.

예 먹히다[머키다]   밝히다[발키다]   맏형[마텽]
좁히다[조피다]   넓히다[널피다]   꽂히다[꼬치다]
앉히다[안치다]

(3) [ㄷ]으로 발음되는 받침 'ㅅ, ㅈ, ㅊ, ㅌ'도 'ㅎ'과 결합되는 경우에도 두 소리를 합쳐서 [ㅌ]으로 발음한다.

예 옷 한 벌[온한벌→오탄벌]   낮 한때[낟한때→나탄때]
   꽃 한 송이[꼳한송이→꼬탄송이]   숱하다[숟하다→수타다]

참고 모음 축약

모음 'ㅣ'와 'ㅓ'가 결합하여 하나의 음절 'ㅐ'와 'ㅕ'로 발음되거나 'ㅡ'와 'ㅣ'가 결합하여 'ㅢ'로 발음된다. 또한, 'ㅜ'와 'ㅓ'가 결합하여 'ㅝ'로 발음되는 것을 축약이라 한다.

예 되어→[돼:], 가리어→[가려],
   뜨이다→[띄:다], 두었다→/뒀다/→[뒫:따]

3.2.2. 된소리로 발음하는 경우

'ㅎ(ㄶ, ㅀ)' 뒤에 'ㅅ'이 결합되는 경우, 'ㅅ'을 [ㅆ]으로 발음한다.

| ㅎ | + | ㅅ | ⇒ | [ㅆ] |

예 닿소[다쏘]   많소[만쏘]   싫소[실쏘]

3.2.3. 생략되는 경우

(1) 'ㅎ' 뒤에 'ㄴ'이 결합되는 경우, 'ㅎ'을 [ㄴ]으로 발음한다.

| [ㄴ] | ⇐ | ㅎ | + | ㄴ |

예 놓는[논는]   쌓네[싼네]

(2) 'ㄶ, ㅀ' 뒤에 'ㄴ'이 결합되는 경우, 'ㅎ'을 발음하지 않는다.

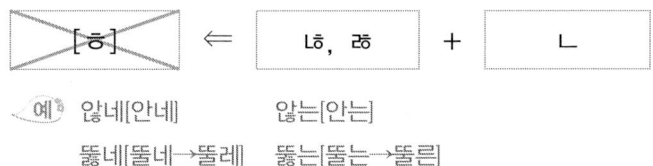

예 않네[안네]　　　않는[안는]

　뚫네[뚤네→뚤레]　뚫는[뚤는→뚤른]

(3) 'ㅎ(ㄶ, ㅀ)' 뒤에 모음으로 시작된 어미나 접미사가 결합되는 경우,
'ㅎ'을 발음하지 않는다.

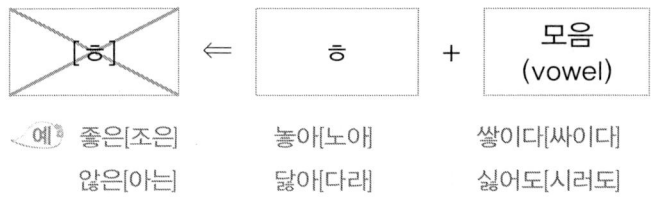

예 좋은[조은]　　　놓아[노아]　　　쌓이다[싸이다]

　않은[아는]　　　닳아[다라]　　　싫어도[시러도]

참고 탈락

두 형태소가 만날 때에 앞뒤 두 음운이 마주칠 경우, 한 음운이 완전히 발음되
지 않는 현상을 탈락이라 한다. 자음 탈락은 자음이 3개 이상 연이어 만나면
어느 하나가 탈락하거나 'ㄴ, ㅅ, ㅈ, ㄷ' 앞에서는 'ㄹ'이 탈락한다(①). 그리고
모음 탈락은 한 음절이 탈락하거나 모음의 한 음운이 탈락한다(②).

① 값도→/갑도/→[갑또], 딸님→[따님], 울는→[우는], 열닫이→[여닫이], 울
　짖다→[우짖다]
② 가아서→[가서], 서었다→/섰다/→[섣따], 뜨어→[떠]

4 연음

음절의 중심을 이루는 모음(가운뎃소리)은 성절음이고, 첫소리와 끝소리를 이루는 자음은 비성절음이다. 이 중 앞의 음절 끝소리인 받침이 뒤의 음절 첫소리가 모음일 경우에 '눈이→누니', '값이→ 갑씨', '흙을→흘글', '읊어→을퍼'처럼 형태소의 경계를 넘어 앞의 음절 받침이 다음 음절로 이동하는 현상을 연음이라 한다.

(1) 받침 뒤에 모음으로 시작된 조사나 어미, 접미사가 올 경우, 받침은 뒤 음절 첫소리로 옮겨 발음한다.

옷	+	이	[오시]

예 옷을[오슬]   봄이[보미]   있어[이써]
앞으로[아프로]   덮이다[더피다]
음악이[으마기]   월요일에[워료이레]

(2) 겹받침 뒤에 모음으로 시작된 조사나 어미, 접미사가 올 경우, 뒤 자음만을 뒤 음절 첫소리로 옮겨 발음한다.('ㅅ'은 [ㅆ으로 발음한다.)

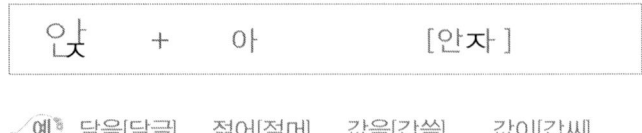

앉	+	아	[안자]

예 닭을[달글]   젊어[절머]   값을[갑쓸]   값이[갑씨]

(3) 받침 뒤에 실질 형태소가 연결되는 경우, 대표음 [ㄱ, ㄴ, ㄷ, ㄹ, ㅁ, ㅂ, 이으로 바뀌어 뒤 음절 첫소리로 옮겨 발음한다.

예 옷 아래[옫아래→오다래]　　옷 안[옫안→오단]
맛없다[맏업다→마덥따]　　맛있다[맏읻다→마딛따]
멋있다[먿읻다→머딛따]　　값 없다[갑업다→가법따]

다만, '맛있다, 멋있다'는 [마싣따], [머싣따]로도 발음할 수 있다.

5 음운 규칙

음운의 규칙이란 한 형태소가 다른 형태소와 결합할 때, 형태소의 음운이 조건에 따라 다른 음운으로 바뀌는 현상을 말한다.

5.1. 경음화(된소리) 규칙

받침 'ㄱ(ㄲ, ㅋ, ㄳ, ㄺ), ㄷ(ㅅ, ㅆ, ㅈ, ㅊ, ㅌ), ㅂ(ㅍ, ㄼ, ㄿ, ㅄ)' 뒤에 연결되는 'ㄱ, ㄷ, ㅂ, ㅅ, ㅈ'은 [ㄲ, ㄸ, ㅃ, ㅆ, ㅉ]으로 발음한다.

ㄱ ㄷ ㅂ	+	ㄱ ㄷ ㅂ ㅅ ㅈ	⇒	[ㄲ] [ㄸ] [ㅃ] [ㅆ] [ㅉ]

예 입고[입꼬]　깎다[깍따]　국밥[국빱]　닫다[닫따]
꽃집[꼳찝]　덮개[덥깨]　값지다[갑찌다]

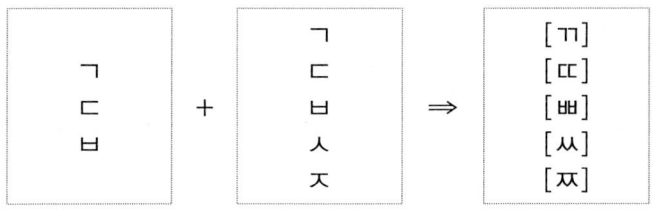

5.2. 구개음화

끝소리가 'ㄷ, ㅌ'인 형태소가 'ㅣ' 혹은 반모음 'ㅣ'로 시작되는 형식 형태소와 만나면 [ㅈ, ㅊ]으로 발음되는 음운현상을 구개음화라고 한다. 이는 자음·모음간 동화로 볼 수 있다.

(1) 받침 'ㄷ, ㅌ(ㄾ)'이 '이/여'와 결합되는 경우 [ㅈ, ㅊ]로 바뀌어서 뒤 음절 첫소리로 옮겨 발음한다.

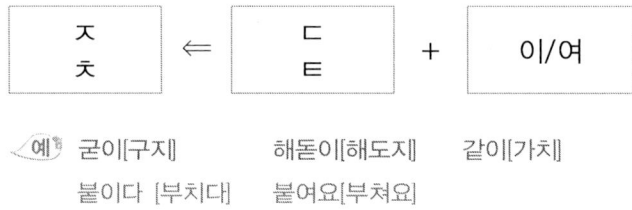

예 굳이[구지]　　해돋이[해도지]　　같이[가치]
붙이다 [부치다]　　붙여요[부쳐요]

(2) 받침 'ㄷ'이 히/혀'와 결합되는 경우 [ㅊ]로 바뀌어서 뒤 음절 첫소리로 옮겨 발음한다.

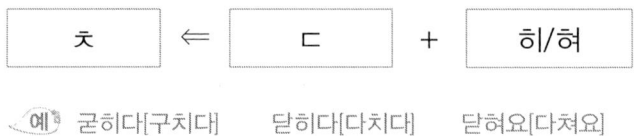

예 굳히다[구치다]　　닫히다[다치다]　　닫혀요[다쳐요]

5.3. 자음동화

음절과 음절이 결합할 경우, 음절 끝 자음이 그 뒤에 오는 자음과 만나면서 어느 한쪽이 다른 쪽 소리를 닮아서 그 영향을 준 소리로 바뀌거나 그와 비슷한 성질을 가진 소리로 바뀌기도 하고, 양쪽이 서로 닮아서 두 소리가 모두 바뀌기도 하는 현상을 자음동화라고 한다. 자음동화에는 비음동화와 유음동화가 있다.

5.3.1. 비음동화

비음이 아닌 자음이 비음(ㄴ, ㅁ, ㅇ)으로 바뀌는 현상이다.

(1) 받침 'ㄱ(ㄲ, ㅋ, ㄳ, ㄺ), ㄷ(ㅅ, ㅆ, ㅈ, ㅊ, ㅌ, ㅎ), ㅂ(ㅍ, ㄼ, ㄿ, ㅄ)'은 'ㄴ, ㅁ' 앞에서 [ㅇ, ㄴ, ㅁ]으로 발음한다.

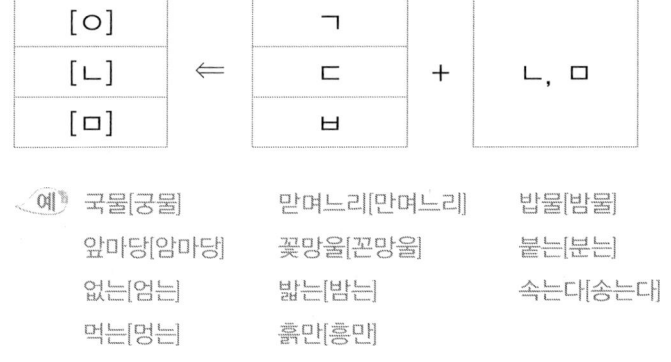

예 국물[궁물]　　맏며느리[만며느리]　　밥물[밤물]
앞마당[암마당]　　꽃망울[꼰망울]　　붙는[분는]
없는[엄는]　　밟는[밤는]　　속는다[송는다]
먹는[멍는]　　흙만[흥만]

(2) 받침 'ㅁ, ㅇ' 뒤에 연결되는 'ㄹ'은 [ㄴ]으로 발음한다.

예 종로[종노]　대통령[대통녕]　강릉[강능]　침략[침냑]　담력[담녁]

(3) 받침 'ㄱ,ㄷ,ㅂ' 뒤에 연결되는 'ㄹ'도 [ㄴ]으로 발음한다. 그리고 이
    [ㄴ]은 (1)처럼 'ㄱ, ㄷ, ㅂ'을 [ㅇ, ㄴ, ㅁ]으로 발음하게 한다.

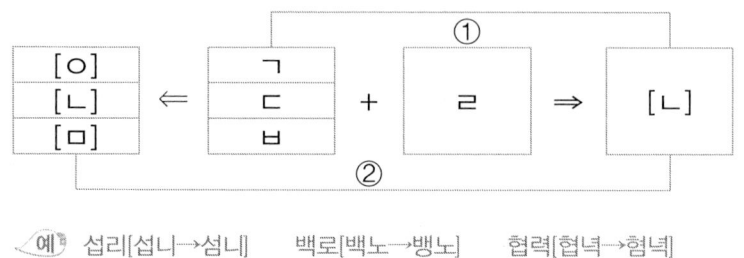

예 섭리[섭니→섬니]   백로[백노→뱅노]   협력[협녁→혐녁]

참고 섭리[섬리→섬니], 백로[뱅로→뱅노]가 되지 않는다. 그 이유는 '천리[철리]'의
'리'처럼 받침 다음에 'ㄹ'이 오는 경우는 받침이 'ㄹ'이 올 경우에만 가능하기
때문이다. 따라서 '섭리[섬리→섬니]', '백로[뱅로→뱅노]'는 '섬리', '뱅로'처럼
받침이 'ㅁ, ㅇ' 다음에 'ㄹ'로 발음될 수 없다. 따라서 '섭리[섭니→섬니]', '백
로[백노→뱅노]'의 순서로 발음된다.

5.3.2. 유음동화

유음이 아닌 자음이 유음으로 바뀌는 현상으로 'ㄴ'은 'ㄹ'의 앞이나 뒤
에서 [ㄹ]로 발음한다.

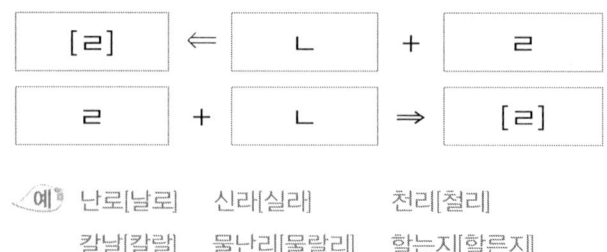

예 난로[날로]   신라[실라]   천리[철리]
   칼날[칼랄]   물난리[물랄리]   할는지[할른지]

5.4. 모음동화

5.4.1. 'ㅣ' 모음 동화

모음동화는 모음과 모음 간에 일어나는 동화 현상으로 'ㅏ, ㅓ, ㅗ, ㅜ'가 'ㅣ'모음의 영향으로 'ㅐ, ㅔ, ㅚ, ㅟ' 등으로 변하는 현상('ㅣ'모음 역행동화)을 말한다. 이들 발음은 대부분 표준어로 인정하지 않는다.*

> * '냄비, 멋쟁이, 올챙이, 시골내기, 수수께끼' 등은 'ㅣ'모음 역행동화로 굳어져 표준어로 인정된 것이다.

예 아비 → [애비]   손잡이 → [손재비]   먹이다 → [메기다]
　　창피 → [챙피]   아지랑이 → [아지랭이] 올창이 → [올챙이]
　　남비 → [냄비]   시골나기 → [시골내기] 수수꺼끼 → [수수께끼]

한편, 'ㅣ' 뒤에 'ㅓ, ㅗ'가 오면 'ㅣ' 모음의 영향으로 'ㅕ, ㅛ'로 바뀌는 경우가 있다('ㅣ'모음 순행동화). 다만 '되어, 피어, 이오, 아니오'의 경우는 [어]와 [오]로 발음하는 것을 원칙으로 하되, [여]와 [요]로 발음하는 것도 허용한다.

예 드디어→[드디여]   참이었다→[참이였다]
　　오시오→[오시요]   당기시오→[당기시요]

5.4.2. 모음조화

모음조화는 모음동화의 일종으로 양성모음(ㅏ, ㅗ, ㅑ, ㅛ)은 양성모음 끼리, 음성모음(ㅓ, ㅜ, ㅡ, ㅕ, ㅠ)은 음성모음끼리 어울리는 현상으로 15세기에는 철저히 지켜졌지만, 현대 국어에서는 현실발음의 모음 강화현

상으로 모음조화 현상이 많이 붕괴되었다. 용언어간에 붙는 어미는 대부
분 모음조화를 지키고 있으나(①), 일종의 발음 강화현상으로 모음조화가
붕괴된 단어가 많다(②). 반면에 의성어와 의태어에서는 지금도 철저히
지켜지고 있다(③).

① 막아 : 먹어, 막았다 : 먹었다, 막아라 : 먹어라
② 오순도순, 오뚝이, 괴로워, 아름다워, 소꿉놀이
③ 졸졸 : 줄줄, 캄캄하다 : 컴컴하다, 알록달록 : 얼룩덜룩, 살랑살랑
   : 설렁설렁, 찰찰 : 철철, 달달 : 들들

제 2 장
단어

한국어문법의 이론과 실제

단어

1 단어

1.1. 형태소

뜻을 가진 가장 작은 말의 단위를 형태소라고 한다. 홀로 설 수 있음과 없음의 자립성 여부에 따라 자립형태소와 의존형태소로 나눌 수 있다. 또한 의미가 실질적인가 형식적인가에 따라 실질형태소와 형식형태소로 나눌 수 있다.

먼저 가장 작은 말의 단위인 형태소로 나누면 다음과 같다.

예 나는 바다를 보았다. → {나}, {는}, {바다} {를}, {보}, {았}, {다}

(1) 자립성의 여부

형태소는 홀로 설 수 있음과 없음의 자립성 여부에 따라 자립형태소인 {나}, {바다}와 자립성이 없고 다른 말에 의존하여 쓰이는 의존형태소 {-는}, {-을}, {보-}, {-았-}, {-다}로 분류된다.

(2) 실질과 형식의 여부

형태소는 의미가 실질적인가 형식적인가에 따라 실질형태소(그 의미가 실질적인 형태소로 자립형태소와 용언의 어간을 포함)인 {나}, {바다}, {보-}와 형식형태소(실질형태소에 붙어 말과 말 사이의 관계를 형식적으로 표시함)인 {-는} {-를} {-았-} {-다}로 분류된다.

1.2. 단어의 형성

단어는 최소의 자립형태소로 띄어쓰기 단위와 일치한다. 따라서 내부에 휴지를 둘 수 없으며, 그 사이에 다른 말이 들어갈 수 없다. 다만, 체언에 붙는 조사를 단어로 인정하고 있다. 단어는 최소자립형식으로 의존형태소들의 결합이되, 자립성을 발휘하는 것이다. 따라서 자립형태소에 붙되, 그것과 쉽게 분리되는 의존형태소인 조사도 단어가 될 수도 있다. '나는'과 '바다-를'에서 '는, 를'은 단어가 된다. 그리고 실질형태소인 어간과 형식형태소인 어미가 결합된 '먹다, 먹고' 등을 하나의 단어로 본다.

단어에는 '땅, 하늘, 꽃, 나무, 높다'처럼 단일어와 둘 이상의 어근(합성어)으로 되거나 어근에 접사가 결합(파생어)된 복합어가 있다. '강산, 집안, 소나무, 밤낮, 어깨동무, 굳세다' 등은 합성어이고, '지붕, 맏아들, 치밀다, 풋과일, 톱질, 먹히다, 번쩍거리다' 등은 파생어이다. 하나의 단어에는 파생어와 합성어가 같이 들어 있는 경우가 있다. '코+(웃+음)(합성어)', '평화적'은 '(평+화)+적(파생어)', '시부모'는 '시+(부+모)(파생어)'이다.

1.3. 파생어

어근의 앞이나 뒤에 접사가 붙어서 만들어진 단어를 파생어라 한다.

어근의 앞에 붙는 접사는 접두사, 어근의 뒤에 붙는 접사는 접미사라고
한다. 어근은 실질적인 의미를 나타내는 부분이고 접사는 어근에 붙어
그 의미를 제한한다.

> 예 파생어= 접두사 + 어근 → 새빨갛다 = 새 + 빨갛다
> 파생어= 어근 + 접미사 → 해님 = 해 + 님

참고 파생접사와 굴절접사

어근에 붙어 그 뜻을 더하거나 제한하는 부분을 접사라고 하는데, '치밀다'에서
'치-'처럼 단어 파생에 기여하는 접사를 파생접사라 하고, '-다'처럼 문법적 기능
을 하는 어미를 굴절접사라고 한다.

> 예 어근 : 어른-
> 어간 : 어른스럽-(어근+파생접사)
> 어미 : -다(굴절접사)
> 으르렁-거리-다, 훌쩍-대-다, 글썽-이-다, 반짝반짝-하-다, 아름-답-다

(1) 접두사에 의한 파생어: 접두사는 뒤에 오는 어근의 뜻만을 제한하고
품사를 바꾸는 일은 없다. 체언 앞에 오는 접두사는 관형사적 성격
을 가지며, 용언 앞에 오는 접두사는 부사적인 성격을 가진다.

① 한정적(부사성) 접두사: 용언 어근 앞에 붙어서 첨의적 기능을
가지며, 어근의 의미를 제한할 뿐 품사를 바꾸지 못한다.

> 예 갓-나다, 빗-나가다, 설-익다, 짓-누르다, 치-솟다, 휘-젓다, 새-빨갛다

② 관형적 접두사: 명사류의 앞에 붙어서 첨의적 기능을 하는 접두
사이다.

> 예) 갓-스물, 개-살구, 날-감자, 덧-신, 돌-배, 들-장미, 맨-손, 숫-총각, 알-부자, 애-벌레, 풋-사랑, 홀-아비, 참-기름

(2) 접미사에 의한 파생어: 접미사는 어근의 뜻을 제한할 뿐만 아니라 어근의 품사를 바꾸기도 하고, 사동, 피동 접미사는 문장 구조와 의미를 바꾸기도 한다.

① 명사 파생

> 예) 송-아지, 선생-님, 학생-들, 저-희, 바느-질, 잠-꾸러기, 땜-장이, 가난-뱅이, 마음-씨, 값-어치, 집-웅(지붕), 눈-치, 잎-아리(이파리), 믿-음, 슬-픔, 먹-이, 크-기, 베-개, 막-애(마개), 묻-엄(무덤), 맞-웅(마중)

② 동사 파생

> 예) 놓-치-다, 먹-히-다, 울-리-다, 깨-뜨리-다, 위반-하다 : 밝-히-다, 낮-추-다 : 출렁-거리-다, 반짝-이-다, 먹-이-다, 입-히-다, 알-리-다, 웃-기-다, 재-우-다, 달-구-다, 맞-추-다 : 보-이-다, 업-히-다, 들-리-다, 감-기-다

③ 형용사 파생

> 예) 높-다랗-다, 차-갑-다, 학생-답-다, 슬기-롭-다, 사랑-스럽-다

④ 부사 파생

> 예) 없-이, 급-히, 곳곳-이, 가만-히, 비로-소, 맵-우(매우), 힘-껏, 진실-로, 참-아(차마), 끝-내, 쉽-사리

1.4. 합성어

합성어는 둘 이상의 어근이 결합된 단어이다. 합성어의 유형에는 통사적 합성어와 비통사적 합성어가 있다. 전자는 자립을 지닌 두 단어가 결합된 합성어로 국어의 일반적인 단어 배열과 같은 유형의 합성어이다. 그리고 후자는 자립성이 없는 두 어근이 결합된 합성어로 국어의 일반적 단어 배열에 어긋나는 합성어이다.

(1) 합성어의 갈래
① 통사적 합성어

우리말의 일반적인 단어 배열로 첫째, 체언(명사)의 합성어로 '명사+명사'(돌다리, 집안, 눈물, 밤낮), '관형사+명사'(새해, 첫사랑, 이승), '관형사형+명사'(작은형, 큰집, 군밤, 젊은이)가 있으며, 둘째로 부사의 합성어로 '부사+부사'(더욱더, 곧잘, 울긋불긋, 철썩철썩)가 있다. 그리고 셋째로 용언의 합성어로 '주어+서술어'(동사 : 힘들다, 재미나다, 맛들다, 정들다, 형용사 : 낯설다, 값없다, 배부르다, 재미있다), '목적어+서술어'(힘쓰다, 애쓰다, 노래부르다), '부사어+서술어'(앞서다, 뒤서다, 마주서다, 가로지르다, 앞세우다, 손쉽다), '본동사+연결어미+보조동사'(알아보다, 돌아가다, 찾아보다, 살펴보다, 들어가다, 걸어가다, 흘러가다)를 들 수 있다.

② 비통사적 합성어

우선, 체언(명사)의 합성어로 '어간+명사'(늦잠, 누비옷, 들것, 접칼, 검버섯), '부사+명사'(산들바람, 부슬비, 척척박사, 출랑새)가 있다. 다음으로 용언의 합성어로 '어간+어간'(동사 : 오르내리다, 날뛰다, 여닫다, 듣보다, 형용사 : 검푸르다, 높푸르다, 굳세다)를 들 수 있다.

(2) 두 어기 성분 사이의 관계에 따른 합성어

병렬합성어, 수식합성어, 융합합성어로 분류된다.

① 병렬합성어: 두 어기의 대등한 결합으로 이루어진 합성어

　예〉 마소, 손발, 앞뒤, 오르내리다

② 수식합성어: 앞의 어기가 뒤의 어기에 영향을 주는 합성어

　예〉 물굽이, 부삽, 소나무, 안집, 속옷

③ 융합합성어: 두 어기의 결합으로 전혀 다른 의미를 갖는 합성어

　예〉 밤낮, 나들이, 손위, 큰집, 돌아가다

2 품사

품사는 공통된 성질을 지닌 단어끼리 모아 놓은 것으로, 한국어의 품사는 9개로 나뉜다.

기능적 분류	품사
체언	명사
	대명사
	수사
용언	동사
	형용사
관계언	조사
수식언	관형사
	부사
독립언	감탄사

2.1. 체언: 명사, 대명사, 수사

체언은 문장에서 주로 주어의 자리에 오며, 조사와 결합한다. 때로는 목적어나 보어의 자리에도 올 수 있으며, 체언에는 명사, 대명사, 수사가 있다. 이들은 일반적으로 형태의 변화가 없다.

2.1.1. 명사

사람이나 사물의 명칭을 표시한 단어를 명사라 한다.

(1) 명사의 종류

명사에는 고유성의 여부에 따라 고유명사와 보통명사로 나뉘며, 자립성의 여부에 따라 자립명사와 의존명사로 분류된다.

구분	명사의 종류	정의	예
고유성의 여부에 따라	고유명사	특정한 사람이나 사물에 대한 이름	대한민국, 홍길동, 설악산
	보통명사	사물에 쓰이는 것	학교, 의자, 집
자립성의 여부에 따라	자립명사	다른 말(관형어)의 도움을 받지 않고 쓰이는 명사	가방, 컴퓨터, 창문
	의존명사	다른 말(관형어)에 기대어 쓰는 명사	지, 수, 뿐

(2) 의존명사

명사 중에는 홀로 쓰이지 못하고 반드시 그 앞에 꾸며 주는 말, 즉 관형어가 있어야만 문장에 쓰일 수 있는 것들이 있다. 이것을 의존명사라 한다.

	의존명사 종류	정의	예
(1)	보편성 의존명사	모든 성분으로 두루 쓰이는 의존명사	분, 이, 데
(2)	주어성 의존명사	주어로 쓰이는 의존명사	지, 수, 리
(3)	서술성 의존명사	서술어로 쓰이는 의존명사	따름, 뿐
(4)	부사성 의존명사	부사어로 쓰이는 의존명사	대로, 만큼, 채 , 줄
(5)	단위성 의존명사	앞에 오는 명사의 수량을 단위로 가리키는 의존명사	개, 명, 마리, 권, 장, 병, 살, 대

예 (1) 몇 분이 오셨습니까?

지금 이곳으로 데려올 이가 없다.

지금 가는 데가 어디인지 모르겠다.

예 (2) 고향을 떠나온 <u>지</u> 벌써 1년이 되었다.
저는 한국어를 할 수 있습니다.
그럴 <u>리</u>가 없다.

예 (3) 합격 소식을 들으니 그저 기쁠 <u>따름</u>이다.
모두 구경만 할 <u>뿐</u> 도와주는 사람은 없었다.

예 (4) 집에 도착하는 <u>대로</u> 전화하세요.
노력한 <u>만큼</u> 대가를 얻다.
신을 신은 <u>채</u>로 방에 들어갔다.
나는 수영을 할 <u>줄</u> 안다.

예 (5) 단위성 의존명사(=단위 명사)**

구분	단위 명사	예
물건	개	가방 한 개 지우개 두 개 책상 세 개
사람	명/사람/분	네 명(사람, 분)
동물, 물고기	마리	고양이 다섯 마리 고등어 여섯 마리
책, 공책	권	한국어 책 일곱 권 공책 여덟 권
종이, 표	장	종이 아홉 장 영화표 열 장
물, 맥주	병	물 열한 병 맥주 열두 병
나이	살	열세 살
자동차, 냉장고, TV	대	자동차 열네 대 냉장고 열다섯 대 TV 열여섯 대

** 기타: 벌, 켤레, 송이, 잔, 그릇, 시, 분(시간), 원 등이 있다.

2.1.2. 대명사

대명사는 사람, 사물, 장소를 나타내는 명사를 대신한다. 대명사에는 인칭대명사와 지시대명사가 있다.

2.1.2.1. 인칭대명사

한국어는 높임법이 발달한 언어로 인칭대명사도 높임의 정도에 따라 아주낮춤, 예사낮춤, 예사높임, 아주높임이 있다. 인칭대명사가 복수를 나타낼 때는 '-들'이 붙거나 다른 형태의 단어를 사용한다.

구분	단수				복수			
	아주낮춤	예사낮춤	예사높임	아주높임	아주낮춤	예사낮춤	예사높임	아주높임
1인칭	저	나			저희(들)	우리		
2인칭	너	자네 그대	당신 그대	선생 어른 어르신네	너희(들)	자네들 그대들	당신들 그대들	선생님 어른들 어르신들
3인칭	이(그,저)애 이(그,저)놈	이(그,저)사람 누구, 아무	이(그,저)이 이(그,저)분		이(그,저)애들 이(그,저)놈들	이(그,저)사람들	이(그,저)들 이(그,저)분들	

참고 '내(나의)'와 '우리'

'우리'는 단순히 '나'의 복수만을 뜻하지는 않는다. 예를 들어 한국 사람들은 '내 나라, 내 집, 내 아버지' 보다는 '우리나라, 우리 집, 우리 아버지'를 많이 사용한다. 왜냐하면 한국 사람들의 의식 속에는 '나'라는 개인을 주장하기보다는 가족이나 집단을 생각하는 공동체 의식이 강하기 때문이다.

2.1.2.2. 지시대명사

지시대명사는 사물이나 장소를 대신 가리킨다. 화자(말하는 이)와 청자
(듣는 이)의 거리에 따라 지칭이 달라진다.

	사물	장소
화자에게 가까운 것	이것	여기
청자에게 가까운 것	그것	거기
화자와 청자 모두에게 먼 것	저것	저기
모르는 사물이나 장소	무엇, 어느 것	어디

그리고 구어에서는 조사와 결합하여 축약형으로 많이 사용한다.

예 이것이　　　　이게　　　　여기는　　　　여긴
　　그것이　⇒　그게　　　　거기는　⇒　거긴
　　저것이　　　　저게　　　　저기는　　　　저긴

　　이것은　　　　이건　　　　여기를　　　　여길
　　그것은　⇒　그건　　　　거기를　⇒　거길
　　저것은　　　　저건　　　　저기를　　　　저길

　　이것을　　　　이걸　　　　무엇이　　　　뭐가
　　그것을　⇒　그걸　　　　무엇을　⇒　무얼, 뭘
　　저것을　　　　저걸　　　　어디를　　　　어딜

2.1.3. 수사

수사는 명사의 수량이나 순서를 가리키는 단어이다. 수사에는 양수사
와 서수사가 있다. 양수사는 수량을, 서수사는 순서를 가리킨다.

숫자	고유어	한자어
1	하나(한)	일
2	둘(두)	이
3	셋(세)	삼
4	넷(네)	사
5	다섯	오
6	여섯	육
7	일곱	칠
8	여덟	팔
9	아홉	구
10	열	십
11	열하나(열한)	십일
12	열둘(열두)	십이
13	열셋(열세)	십삼
14	열넷(열네)	십사
15	열다섯	십오
16	열여섯	십육
17	열일곱	십칠
18	열여덟	십팔
19	열아홉	십구
20	스물(스무)	이십
30	서른	삼십
40	마흔	사십
50	쉰	오십
60	예순	육십
70	일흔	칠십
80	여든	팔십
90	아흔	구십
100	백	백
1,000	천	천
10,000	만	만
100,000	십만	십만
1,000,000	백만	백만
10,000,000	천만	천만
100,000,000	억	억

2.1.3.1. 양수사

1) 고유어 양수사

(1) 양수사에 단위 명사가 같이 쓰일 경우 숫자 '1~4, 20'은 수를 나타내는 관형사가 되어 다음과 같이 변한다.

하나		한
둘		두
셋	⇒	세
넷		네
스물		스무

예 물 한 잔 주세요.

지금 몇 시예요?　　　　　→ 두 시예요.

여기에 세 명 있어요.

사과 네 개하고 배 다섯 개 주세요.

몇 살이에요?　　　　　→ 스무 살이에요.

(2) 두 개 이상의 수사가 결합하여 대략의 숫자를 나타내는 경우 그 형태가 바뀐다.

1~2	2~3	3~4	4~5	5~6	6~7
한두	두세	서너	네댓	대여섯	예닐곱

예 물 한두 잔 주세요.

지금 몇 시예요?　　　→ 아마 두세 시 됐을 거예요.

거기에 서너 명 있어요.

사과 네댓 개하고 배 대여섯 개 주세요.

그 아이는 몇 살이에요? → 예닐곱 살일 거예요.

(3) 날짜를 셀 때는 다음과 같다.

1일		하루		하루이틀
2일		이틀		
3일		사흘		이삼일
4일		나흘		사나흘
5일	⇒	닷새		네댓새
6일		엿새		대엿새
7일		이레		
8일		여드레		
9일		아흐레		
10일		열흘		

2) 한자어 양수사

한자어 양수사는 '연, 월, 일, 개월, 원(돈), 분(시간), 쪽, 주일, 인분' 등에 쓰인다.

예 2012년 8월 30일   이천십이년 팔월 삼십일
    3개월   삼 개월
    50원   오십 원
    15분   십오 분
    34쪽   삼십사 쪽
    1주일   일주일
    6인분   육 인분

2.1.3.2. 서수사

1) 고유어 서수사

(1) 차례나 횟수를 나타내며, 수 관형사의 형태가 된다.

> 예) 첫 번째, 두 번째, 세 번째, 네 번째, 다섯 번째......, 아홉 번째, 열 번째, 열한 번째, 열두 번째......

(2) '첫 번째 ~ 열 번째'는 '번'을 생략할 수 있다. 그러나 열 이상에서는 생략할 수 없다.

> 예) 첫째, 둘째, 셋째, 넷째, 다섯째, 여섯째,......열째, 열한 번째, 열두 번째....

2) 한자어 서수사

(1) 번호나 차례를 나타낸다.

> 예) 제일, 제이, 제삼, 제사, 제오......

2.2. 용언: 동사, 형용사

문장의 주어를 서술하는 기능을 가진 단어의 부류를 용언이라 하고, 용언의 어간에는 어미 '-다'가 붙는다.

2.2.1. 동사

문장의 주어가 되는 말의 움직임을 나타내는 단어의 부류를 동사라고 한다. 동사는 크게 동작 동사와 작용 동사로 나뉘는데, 동작 동사는 명령문, 청유문이 가능하나, 작용 동사는 명령문, 청유문이 불가능하다.

① 동작 동사: 사람이나 동물의 움직임

　　예》 가다, 먹다, 걷다, 살다 등

② 작용 동사: 자연물의 움직임

　　예》 피다, 흐르다, 지다, 뜨다 등

2.2.2. 형용사

문장의 주어가 되는 말의 성질이나 상태를 나타내는 단어의 부류로 크게 성상 형용사와 지시 형용사로 나뉜다.

① 성상 형용사: 사람이나 사물의 성질이나 상태를 나타낸다.

　　예》 곱다, 달다, 아름답다, 향기롭다, 좋다, 싫다 등

② 지시 형용사: 사물의 성질이나 상태를 지시한다.

　　예》 이러하다, 저러하다, 그러하다 등

(1) 동사와 형용사의 차이 구별
　　① 'ㄴ/는다(현재형)'과 결합 유무
　　② '-ㄴ/는(관형사형)'의 활용 유무
　　③ '-아/어라(명령형)'과 결합 유무
　　④ '-자(청유형)'과 결합 유무
　　⑤ '-려'(의도)나, '-러'(목적)과 결합 유무
　　⑥ '-고 있-(진행)과 결합 유무

	동사				형용사			
	받침 O		받침 X		받침 O		받침 X	
	가다		먹다		크다		높다	
-ㄴ/는다	간다	O	먹는다	O	큰다	X	높는다	X
-아/어라	가라	O	먹어라	O	커라	X	높아라	X
-자	가자	O	먹자	O	크자	X	높자	X
-려/러	가려	O	먹으러	O	크려	X	높으러	X
-고 있-	가고 있	O	먹고 있	O	크고 있	X	높고 있	X

(2) '있다'와 '없다'의 구별

'있다'는 현재형어미 '-는'과 결합이 가능할 뿐만 아니라 관형사형어미의 기능도 가능하다. 또한, 명령형어미, 청유형어미와도 결합하여 동사적 용법이 강하다.

① 현재형어미

　예　집에 <u>있는</u>다고 했다.

② 관형사형어미

　예　영화관에 <u>있는</u> 민호를 찾았다.

③ 명령형어미

　예　공부하고 집에 <u>있어라</u>.

④ 청유형어미

    예❘ 공부하고 집에 <u>있자</u>.

'없다'는 관형사형어미 '-는'과는 결합이 가능하지만, 현재형어미 '-는다'
과 결합이 어색하며, 명령형어미, 청유형어미와도 결합하지 않는다.

    예❘ 애인 <u>없는</u> 사람이 많다.
        * 영수가 집에 <u>없는다</u>.
        * 극장에 친구가 <u>없어라</u>/ <u>없자</u>.

2.2.3. 보조용언

  문장에서 의미의 중심이 되는 용언으로서 스스로 자립하여 실질적인
의미를 나타내는 용언을 본용언이라 하고, 단독으로 쓰일 수 없고 반드시
다른 용언의 뒤에 붙어서 그 의미를 더하여 주는 용언을 보조용언이라
한다. 보조용언에는 동사처럼 활용하는 보조동사와 형용사처럼 활용하는
보조형용사가 있다.

  (1) 보조동사
    ① 부정: (-지) 아니하다, 말다, 못하다
    ② 사동: (-게) 하다, 만들다
    ③ 피동: (-어) 지다, 되다
    ④ 진행: (-어) 가다, 오다, (-고) 있다
    ⑤ 종결: (-어) 나다, 내다, 버리다
    ⑥ 봉사: (-어) 주다, 드리다
    ⑦ 시행: (-어) 보다

⑧ 강세: (-어) 대다

⑨ 보유: (-어) 두다, 놓다

(2) 보조형용사

① 희망: (-고) 싶다

② 부정: (-지) 아니하다, 못하다

③ 추측: (-는가,-나) 보다

④ 상태: (-어) 있다

참고 보조동사와 보조형용사

보조동사와 보조형용사는 본용언의 품사에 따라 결정된다. 즉, '가지 <u>못하다</u>'에서 '가다'의 본용언이 동사이므로 '못하다'는 보조동사이고, '곱지 <u>못하다</u>'에서 '곱다'의 본용언이 형용사이므로 '못하다'는 보조형용사이다. 또한, 선어말어미 '-는, -ㄴ-'이나 '-고 있'이 붙을 수 있으면 보조동사이고, 그렇지 못하면 보조형용사이다. 즉, '책을 읽어 <u>보다</u>'는 '책을 읽어 본다/보고 있다'로 자연스럽게 결합되므로 보조동사이다.

2.2.4. 용언의 활용

용언의 어간에 여러 어미가 결합하여 문법적 관계를 표시하는 현상을 활용이라고 한다.

2.2.4.1. 활용 유형

용언의 활용형에는 종결형, 연결형, 전성형이 있다.

(1) 종결형: 문장을 끝맺는 활용형

　　평서형: 로빈이 집에 <u>간다</u>.

　　의문형: 로빈이 집에 <u>가니</u>?

　　명령형: 로빈아, 집에 <u>가라</u>.

　　청유형: 로빈아, 집에 <u>가자</u>.

　　감탄형: 로빈이 집에 <u>가는구나</u>!

(2) 연결형: 문장을 연결시키는 활용형

　　대등적 연결: 공부를 <u>하고</u> 잠을 잔다.

　　종속적 연결: 봄이 <u>오면</u> 꽃이 핀다.

　　보조적 연결: <u>가게</u> 되었다.

(3) 전성형: 문장의 기능을 변화시키는 활용형

　　명사형: 그녀는 <u>웃음이</u> 많다.

　　부사형: 꽃이 <u>아름답게</u> 피었다.

　　관형사형: <u>예쁜</u> 꽃이 피었다.

2.2.4.2. 규칙과 불규칙 활용

활용할 때 어간이나 어미의 모습이 달라지는 경우가 있는데, 활용해도 어간이 바뀌지 않는 규칙 활용과 활용할 때 어간이나 어미의 기본형태가 달라지는 불규칙 활용이 있다.

(1) 규칙 활용: 활용해도 어간이 바뀌지 않는 경우이다.

　　<예> 굽다, 굽고, 굽어, 굽으니 등

어간의 기본형태가 바뀌더라도 '으', 'ㄹ' 탈락처럼 규칙적인 경우가 있다.

① '으' 탈락

'으'로 끝나는 어간은 예외없이('러'불규칙 용언은 제외) 모음으로 된 어미 '-어/아 앞에서 모음 충돌을 막기 위해 '으'가 탈락된다.

> 예 '쓰어>써, 끄어>꺼, 따르아>따라, 바쁘아>바빠, 아프아>아파, 기쁘어>기뻐'

② 'ㄹ' 탈락

'ㄹ'탈락의 경우도 마찬가지다. 'ㄹ'받침을 가진 단어는 '니'와 'ㄴ,ㄹ,ㅂ, 오, -시-' 앞에서 반드시 'ㄹ'이 탈락된다. 이와 같은 동사로 '울다, 살다, 알다, 돌다, 떨다, 멀다, 날다' 등이 있다.

> 예 우니, 운, 우오, 웁니다, 우시니

(2) 불규칙 활용

활용할 때 어간이나 어미의 기본 형태가 달라지는 경우로 'ㅅ'불규칙, 'ㄷ'불규칙, 'ㅂ' 불규칙, '르' 불규칙, '여'불규칙, '러'불규칙, 'ㅎ'불규칙 등이 있다.

불규칙의 갈래에는 어간의 바뀜, 어미의 바뀜, 어간과 어미의 바뀜이 있다.

① 어간의 바뀜

종류	조건		용례
'ㅅ' 불규칙	- 어간 말음 ㅅ + 어미(모음) → ㅅ탈락 - 밥을 짓(다) + 고 → 짓고 　　　　　 + 어서 → 지어서	규칙	벗다, 씻다, 빗다, 웃다, 솟다
		불규칙	짓다, 잇다, 긋다, 낫다
'ㄷ' 불규칙	어간 말음 ㄷ + 어미(모음) → ㄹ변화 음악을 듣(다) + 고 → 듣고 　　　　　 + 어서 → 들어서	규칙	닫다, 믿다, 받다, 얻다, 묻다
		불규칙	걷다, 깨닫다, 듣다, 묻다, 싣다
'ㅂ' 불규칙	어간 말음 ㅂ + 어미(모음) → 오/우 이웃을 돕(다) + 고 → 돕고 　　　　　 + 아서 → 도와서	규칙	입다, 잡다
		불규칙	굽다, 돕다, 눕다, 덥다, 춥다
'르' 불규칙	-어간 말음 르 + 어미(모음) 　→ '으'탈락, 어간에 ㄹ생김 -물이 흐르(다) +어서 →흐 ㄹ+ 어서 　　　　　　　　　→흐ㄹㄹ+어서 　　　　　　　　　→ 흘러서	규칙	치르다, 따르다, 들르다
		불규칙	빠르다, 가르다, 고르다, 모르다
'우' 불규칙	- 어간 말음 우 + 어미(모음) → 탈락 - 국을 푸(다) + 고 → 푸고 　　　　　 + 어서 → 퍼서	푸다	

② 어미의 바뀜

종류	조건	용례
'여' 불규칙	- 어간 '하' + 아/어 → 여 - 청소하(다) + 고 → 청소하고 　　　　　 + 아 → 청소하여	'하다'와 '-하다'가 결합한 모든 용언
'러' 불규칙	어간 말음- + 아/어 → 러 변화 집에 이르(다) + 고 → 이르고 　　　　　 + 어 → 이르러	이르다, 푸르다, 누르다
'너라' 불규칙	- 어간 '오' + 아라/어라 → 너라 - 이리 오(다) + 아라 → 오너라	오다

③ 어간과 어미의 바뀜

종류	조건	용례
'ㅎ' 불규칙	어간 말음 'ㅎ아/어 → 어간 ㅎ탈락, 어미 변화 → 개나리는 노랗(다) + 고 → 노랗고 　　　　　　　　+ 아 → 노래 　　　　　　　　+ ㄴ → 노란	'ㅎ'받침의 모든 용언 좋다, 많다 까맣다, 하얗다, 이렇다, 그렇다, 저렇다.

2.3. 관계언: 조사

주로 체언 뒤에 붙어서 다양한 문법적 관계를 나타내거나 특별한 뜻을 더해 주는 관계사를 조사라고 한다. 조사는 형태상으로 활용하지 않지만, 서술격 조사는 활용하며, 의미상으로 격조사와 접속조사는 구체적인 의미가 없으나 보조사는 구체적인 의미가 있다.

2.3.1. 격조사

한 문장에서 선행하는 체언으로 하여금 일정한 자격을 갖도록 해 주는 조사를 격조사라고 한다. 격조사에는 주격(-이/가, -께서(높임), -에서(단체), -서(사람 수 '혼자서'), 서술격(-이다(조사와 용언의 속성⟨즉 어미 활용⟩을 함께 지님), 목적격(-을/를), 보격(-이/가), 관형격(-의), 호격(-아/야, -(이)여, -(이)시여)과 부사격 조사가 있다.

　부사격 : 처소(-에, -에서, -한테, -께,- 에게); 도구(-로써, -로); 자격(-로, -로서); 지향점(-로, -에) 원인(-에); 시간(-에); 소재지(-에); 낙착점(-에, -에게⟨유정명사⟩); 출발점(-에서, -에게서, -한테서); 비

교(-처럼, -만큼, -대로, -하고, -와/과, -보다); 인용(-고, -라고)

참고 이다(조사, 접미사)

선행하는 체언이 문장 안에서 일정한 자격을 갖추도록 하는 격조사의 기능을 갖는다(체언이 서술어로서의 자격을 갖도록 함). 또한, 다른 격조사들은 그 형태가 고정되어 있으나 서술격 조사는 '이고, 이며, 이니, 이다' 등 활용한다. '이'는 선행어인 '학생'을 용언(서술어)으로 바꾸어주는 접미사로 보는 경향도 있다.

예 영수는 학생이다(체언＋이다).

출발은 집에서부터이다(조사＋이다).

그녀가 좋아서이다(용언어미＋이다).

2.3.2. 접속조사

두 단어를 같은 자격으로 이어주는 조사로 '-과/와, -(에)다, -하고, -(이)며, -랑' 등을 들 수 있다.

예 나는 엄마와 아빠를 좋아한다.(엄마를 좋아하고, 아빠를 좋아하는 겹문장에서 접속조사)

철수와 영희는 골목길에서 마주쳤다.(홑문장에서 접속조사)

배는 사과와 다르다. 이것은 저것과 다르다. (비교부사격 조사의 기능)

이것과 저것은 다르다.(접속조사)

시험이고 뭐고 다 그만 두어라.(두 가지 모두를 아우르는 접속조사)

2.3.3. 보조사

일정한 의미를 나타내는 가의성(앞말에 특별한 뜻을 더함) 조사로서,

말하는 이의 어떤 생각이 전제되었을 때 쓰인다. 보조사는 부사나 용언의
보조적 연결어미 뒤에 쓰이기도 한다.(잘도 간다, 먹어는 보았다)

　예　-은/는(주제, 대조); -만, -뿐(단독, 한정); -부터(시작); -밖에(한계선, 더없음);
-(이)나, -(이)든지, -(이)라도(선택); -나(槪算, 어림); -나마 (불만, 덜참); -야말로
(특별, 강조); -커녕(고사, 그만두기); -(이)ㄴ들(비특수); -도(첨가,동일); -까지
(도급,미침); -조차(최종,더함); -마저(종결,끝남); -대로, 같이(같음); -서껀(섞여
있음)

참고 이/가(격조사) : 은/는(보조사)

영수가 집에 갔다 : 영수는 집에 갔다.(다른 사람과 비교해서 영수는 집에 갔음)
산이 높다 : 산은 높고, 바다는 넓다.(산과 바다 비교)
여기에서는 그런 일이 없다.(여기서만은)

2.4. 수식언: 관형사, 부사

관형사와 부사처럼 다른 말을 수식하는 기능을 가진 말을 수식언이라
한다. 관형사는 체언 앞에서 주로 명사를 꾸며 주며, 부사는 용언이나 문
장을 수식하는 기능을 한다.

2.4.1. 관형사

체언 앞에 놓여서 그 내용을 자세하게 꾸며주는 수식어로서 어미변화
를 하지 않는 불변화사다. 그리고 관형사에는 조사가 붙지 않는다. 관형사
에는 성상관형사, 지시관형사, 수관형사가 있다.

① 성상관형사 : 체언이 가리키는 사물의 성질이나 상태를 꾸며주는 관
형사로 '새, 헌, 첫'
② 지시관형사 : 지시성을 띠는 관형사로 '이, 그, 저, 어떤, 무슨, 다른'
③ 수관형사 : 명사의 수량이나 순서를 표시하는 관형사로 '한, 두, 세,
첫째, 둘째, 제일, 제이'

참고 관형사 및 용언의 관형사형

관형사는 '새, 헌, 첫, 다른, 이, 그, 저, 한, 두, 세' 등을 들 수 있다. 그러나
용언의 관형사형은 동사나 형용사의 어간에 관형사형 어미 '-(으)ㄴ, -(으)ㄹ'
등과 같이 어미가 결합된 형식이다. 관형사와 관형사형 어미 모두 체언을 수식
하는 문장 성분인 관형어이다. 아래 예문에서 ①의 '첫'과 '새'는 관형사이고,
③, ④는 용언의 관형사형이다. ②에서 앞의 '다른'은 '他(other)'의 의미로 관형
사로 굳어진 것이지만, 뒤의 '다른'은 '다르다(different)'의 의미로 용언의 관형사
형이다. 따라서 전자의 품사는 관형사이지만, 후자의 품사는 형용사이다.

① 영미는 첫 학기라 새 마음으로 등교하였다.
② 다른 나라에서 유입된 문화는 우리 전통 문화와는 다른 점이 있다.
③ 노란 장미와 빨간 장미가 화단 가득히 피었다.
④ 큰 집에서 사는 것이 반드시 행복할 것이라고 말할 수는 없다.

2.4.2. 부사

주로 용언(동사나 형용사)이나 문장을 꾸밈으로써 그 의미를 더욱 명확
하게 한다. 부사는 어미활용을 하지 못하는 불변화사이며, 보조사를 취하
기도 하고, 명사를 꾸미기도 한다.

예 우체국 바로 옆이 우리 집이다.
영수는 집으로 바로 갔다.(용언 수식)

내가 원하는 것이 <u>바로</u> 그것이다.
/<u>오직</u>(다만, 단지) 당신뿐이다.(체언 수식)

부사는 문장에서의 역할에 따라 성분부사와 문장부사로 나뉜다. 성분부사는 문장의 한 성분을 수식하는 부사로 성상부사('어떻게'의 방식으로 꾸며주는 부사 : 날씨가 <u>매우</u> 차다), 의성·의태부사('철석철석, 울긋불긋'처럼 소리와 모양을 흉내내는 부사), 지시부사(방향·거리 등을 지시하는 부사 : <u>이리</u> 오너라), 부정부사(용언의 의미를 부정하는 부사 : <u>못</u> 보았다, <u>안</u> 간다)가 있다. 문장부사는 문장 전체를 수식하는 부사로 양태부사(말하는 이의 태도를 표시하는 부사 : <u>설마</u> 거짓말이야 하겠느냐?), 접속부사(앞의 문장을 뒤의 문장에 이어주면서 뒤의 말을 꾸며주는 부사 : 지구는 돈다. <u>그러나</u> 아무도 믿지 않았다)가 있다.

참고 부사의 기능

부사는 용언(동사, 형용사)이나 문장을 수식함으로써 그 의미를 분명하게 하는 주된 기능을 갖는다. 그러나 몇 가지 부수적인 기능도 있다.

예 철수는 <u>매우</u> 부자다.(명사 수식)
영희는 <u>겨우</u> 하나를 먹었다.(수사 수식)
아버지는 <u>아주</u> 새 차를 사셨다.(관형사 수식)
<u>여기</u> 앉아라.(지시부사로 대명사적 용법)

또한, 부사는 수식 기능이 없는 경우도 있다.

예 비행기 <u>또는</u> KTX로 가는 것이 좋다.
영미는 집에 갔다. <u>그러나</u> 나는 도서관에 갔다.

2.5. 독립언: 감탄사

독립언에는 감탄사 외에도 '영순아'처럼 체언에 호격조사가 붙는 경우
와 '청춘, 이는 듣기만 하여도'처럼 제시어를 내포한다.

감탄사는 화자의 부름, 말하는 이의 본능적 놀람이나 느낌을 표시하는
품사로 형태가 변하지 않으며, 놓이는 위치가 비교적 자유롭다.

> 예〉 <u>여보</u>, 눈이 왔어요.
>
> <u>아</u>, 세월이 너무 빨라요.
>
> <u>네</u>, 그래요.

참고 '감탄사' 더 알아보기

> 예〉 <u>있지</u>, 나 할 얘기가 있어.(의지의 감탄사)
>
> 실직자 수당이라든가 <u>뭐</u>, 그런 게 충분하면 좋으련만!(소리의 감탄사)
>
> 남편이 <u>어디</u> 어린앤가?(감정감탄사)

▶ **감탄사와 다른 품사 구별하기**

> 예〉 <u>좋다</u>! 우리 함께 가자.(감탄사) / 나는 이 그림이 더 <u>좋다</u>.(형용사)
>
> <u>아니</u>, 그것이 더 좋아.(감탄사) / <u>아니</u> 놀고 무엇해?(부사)
>
> <u>정말</u>, 그가 말한 것이 진실이야.(감탄사) / 그것이 <u>정말</u>이야?(명사)
>
> <u>웬걸</u>! 아직 시작도 못했어.(감탄사)
>
>   / <u>웬 걸</u> 이렇게 많이 보내왔니?(관형사+의존명사)

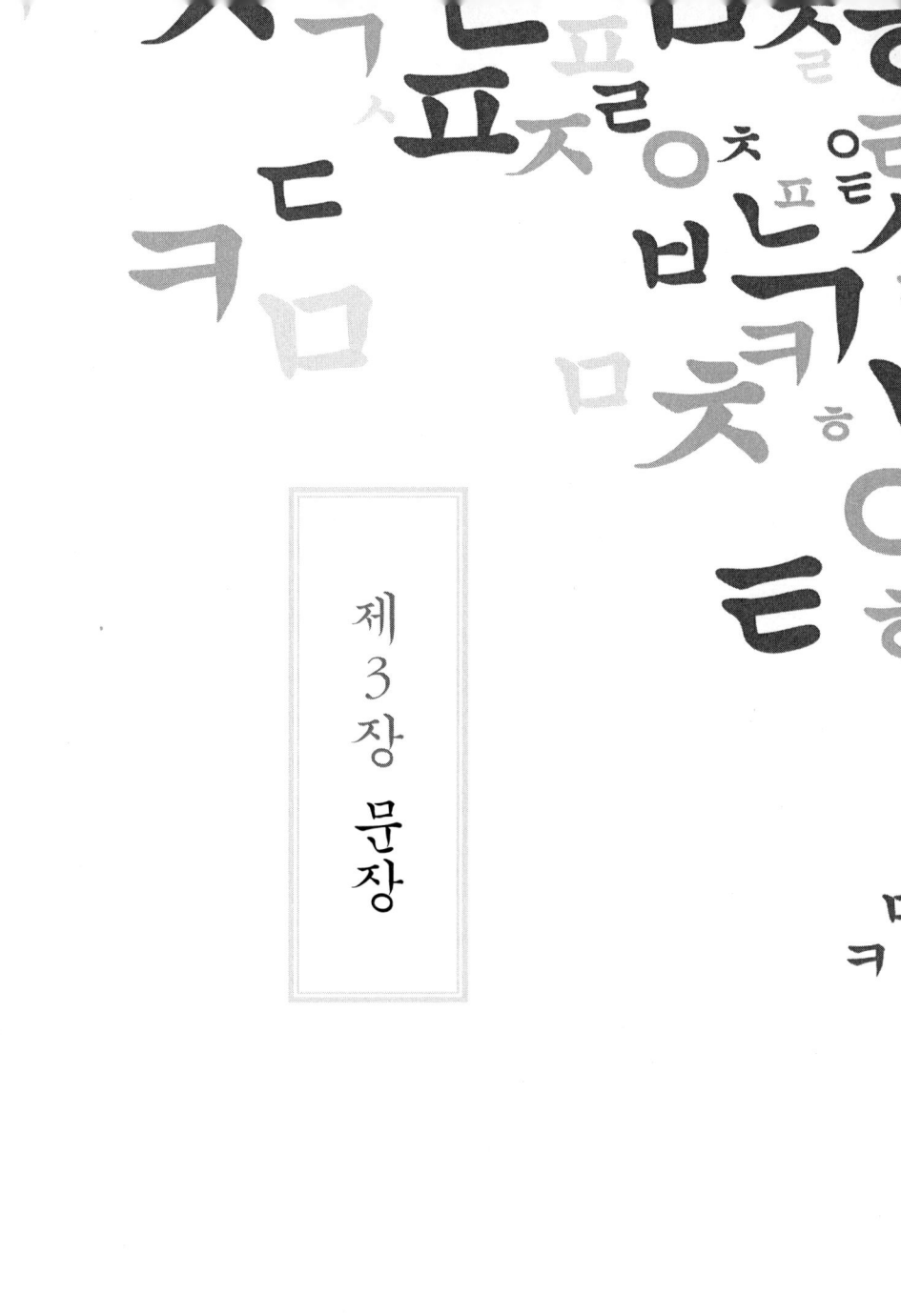

제 3 장
문장

한국어문법의 이론과 실제

문장

1 문장의 성분

문장은 주어부와 서술부를 갖는데, 주어부는 문장에서 주어와 그에 딸린 부속성분을, 서술부는 문장에서 서술어와 그에 딸린 부속성분 및 목적어와 보어를 갖는다. 문장을 구성하면서 일정한 문법적 기능을 하는 요소를 문장 성분이라 한다. 한국어 문장을 이루는 성분에는 주성분, 부속성분, 독립성분이 있다. 주성분은 문장을 이루는 필수 성분으로 '주어, 목적어, 보어, 서술어'가 있다. 부속성분은 주성분의 내용을 수식하는 것으로 '관형어, 부사어'가 있다. 그리고 주성분이나 부속성분에 직접적인 관계가 없이 문장에서 따로 떨어져 독립해 있는 독립성분인 '독립어'가 있다.

1.1. 주성분

(1) 주어

주어는 문장의 주체를 나타내는 말로, 기본 문장에서 '무엇이, 누가'에 해당하는 필수 성분이다. 주로 체언이나 명사구, 명사절에 주격조사가 결합하여 주어가 될 수 있다. 이때 주격조사가 생략될 수도 있고, 보조사가 붙을 수도 있다.

주어	예문
① 체언+주격조사(-이/가)	· <u>상수가</u> 학교에 가요. · <u>꽃이</u> 예쁩니다. · <u>너</u> 어디 가니? · <u>민수도</u> 학교에 가요.
② 명사구+주격조사(-이/가)	· <u>저 새 차가</u> 상수의 것이다.
③ 명사절+주격조사(-이/가)	· <u>눈이 오기가</u> 쉽지 않다.
④ 높임의 명사+주격조사(-께서)	· <u>선생님께서</u> 책을 읽으십니다.
⑤ 단체 무정명사+주격조사(-에서)	· <u>우리 학교에서</u> 우승을 했습니다.

참고 구와 절

구는 중심이 되는 단어와 그것에 부속되는 단어를 한데 묶은 언어 형식으로 주어와 서술어 관계가 이루어지지 않는다.

예 <u>나의 꿈은</u> 한국어 선생님이 되는 거예요.

반면에 절은 두 개 이상의 어절이 모여 하나의 의미 단위를 이룬다는 점에서 구와 비슷하다. 절은 따로 독립하면 문장이 되는 구성이면서 완전히 끝나지 않고, 다만 문장 속의 어떤 성분으로 안겨 있는 언어 형식을 말한다. 주어와 서술어를 갖고 있다는 점에서 구와 구별되고, 더 큰 문장 속에 들어 있다는 점에서 문장과 구별된다.

예 나는 <u>민호가 야구선수임을</u> 알고 있어요.

(2) 서술어

서술어는 주어의 동작, 상태, 성질 따위를 풀이하는 기능을 가진 문장 성분으로 기본문장에서 '어찌하다, 어떠하다, 무엇이다'에 해당하는 말이다. 서술어는 '동사(①), 형용사(②), 체언+서술격 조사(③), 본용언+보조용언(④)'의 형식으로 나타나는 것이 일반적이다.

① 아기가 운다.
② 바다가 넓다.
③ 영호는 학생이다.
④ 보게 되었다. 풀어 보았다.

이외에도 서술어는 '동사, 형용사, 체언+서술격 조사'의 어간에 연결어미, 또는 관형사형 어미나 명사형 어미와 같은 전성 어미가 연결되어 이루어지기도 한다.

> 예 날씨가 이렇게 <u>추운데</u>, 기어이 가시겠습니까?
> 산이 이렇게 <u>아름다운</u> 줄을 몰랐다.
> 그가 <u>대학생이었음을</u> 알았다.

참고 '이다'의 특성

서술격 조사 '이다' 앞에는 흔히 체언이 오지만, 부사의 성분이 올 수도 있다.

> 예 아버지를 만난 것은 <u>학교에서이다</u>.
> 중요한 것은 그가 언제 <u>오느냐이다</u>.

(3) 목적어

목적어는 문장에서 '무엇을'에 해당하는 것으로, 체언이나 명사구, 명사절에 목적격 조사 '-을/를'을 붙여 쓴다. 한국어에서 목적어는 보통 주어 뒤에 서술어 앞에 위치한다.

> 예 아베 씨는 <u>한국어를</u> 잘해요.
> 그는 <u>아주 새 차를</u> 샀다.
> 나는 <u>그녀가 한국 사람임을</u> 알아요.

또한, 목적어는 목적격 조사 없이도 쓸 수 있고, 목적격 조사 대신 보조사가 쓰일 수 있으며, 같이 쓰일 수도 있다.

> 예 아베 씨는 <u>한국어</u> 잘해요.
> 산초는 <u>꽃도</u> 좋아해요.
> 상수는 <u>꽃만을</u> 좋아해요.

그리고 목적어가 하나 이상일 수도 있고, '방향, 처소'를 나타내는 말이 목적격 조사를 취하기도 한다.

> 예 할아버지께서 나에게 <u>용돈을 천원을</u> 주셨어요.
> 너, <u>어디를</u> 가니?
> 상수는 <u>도서관을</u> 갔다.

(4) 보어

보어는 서술어의 의미를 보충해 주는 말로, 서술어 '되다, 아니다' 앞에 나타나는 필수 성분으로 보격조사(-이/가)가 붙어 보어를 이룬다.

> 예 상수는 <u>대학생이</u> 아니다.
> 물이 <u>얼음이</u> 되었다.

1.2. 부속성분

(1) 관형어

관형어는 체언을 수식하는 부속성분으로 반드시 체언 앞에 놓이며, 단독으로 쓰이지 못한다.

> 예 **새** 구두를 샀어요.
> **시원한** 물을 마시고 싶어요.
> 제가 **좋아하는** 운동은 축구예요.

또한, 한 문장에서 두 개 이상의 관형어가 쓰일 수 있다. 이 경우 '지시 관형사→수 관형사→성상 관형사'의 순서로 쓴다.

> 예 **저 두 젊은** 사람은 대학생이다.(지시 관형사→수 관형사→성상 관형사)

(2) 부사어

부사어는 서술어의 의미가 분명하게 드러날 수 있도록 수식하는 부속성분이다. 부사어는 성분 부사어와 문장 부사어가 있다.

① 성분 부사어

성분 부사어는 특정한 성분을 꾸며 주는 부사어로 용언, 다른 부사, 관형사, 체언을 꾸민다.

> 예 **어서** 떠나자(용언).
> **아주** 새(관형사) 차를 샀다.
> **매우** 조금(부사) 먹었다.
> **겨우** 셋(체언)이 그들과 겨룰 수 있었다.

② 문장 부사어

문장 부사어는 문장 전체를 꾸며 주는 부사어로 주로 화자의 태도를 반영한다. 또한, 문장 부사어에는 '그러나, 그리고, 그러므로'와 같은 문장 접속 부사나 '및'과 같은 단어 접속 부사가 있다.

> 예 <u>과연</u> 그는 위대한 정치가다.
> <u>확실히</u> 그는 머리가 좋은 사람이다.
> <u>그러나</u> 희망이 아주 사라진 것은 아니다.
> 정치 <u>및</u> 경제가 중요하다.

부사어는 보조사를 비교적 자유롭게 취하고(①), 관형어와 달리 자리 이동이 비교적 자유롭다(②).

> 예 ① <u>빨리도</u> 가는구나.
> ② <u>의외로</u> 그가 시험에 떨어졌다.
> 그가 <u>의외로</u> 시험에 떨어졌다.
> 그가 시험에 <u>의외로</u> 떨어졌다.

단, 다른 부사어나 관형어, 체언 등을 꾸밀 때에는 자리 이동이 허용되지 않는다.

> 예 그는 밥을 <u>매우</u> 많이 먹었다.　＊ 그는 밥을 많이 매우 먹었다.
> <u>아주</u> 새 차를 샀다.　＊ 새 아주 차를 샀다.
> <u>바로</u> 너의 책임이다.　＊ 너의 바로 책임이다.

또한, 부정(否定) 부사는 자리 이동이 허용되지 않으며, 문맥 속에서 단독으로 쓰일 수 있다.

> 예 영수는 학교에 <u>안</u> 간다.　＊ 영수는 안 학교에 간다.
> 도서관에 <u>못</u> 들어간다.　＊ 도서관에 들어 못 간다.

"이곳에 늘 오시나요, 가끔 오시나요?"

"가끔"

참고 '에'와 '에게'

지향점이나 소재를 나타내는 '에게'는 유정명사, '에'는 무정명사에 쓰이지만, 부류를 나타내거나 화제의 대상이 될 경우에는 '에'를 쓴다.

예 꽃에 물을 주었다. 친구에게 꽃을 주었다.

친구에 좋은 친구와 나쁜 친구가 있다.

1.3. 독립성분

독립어는 다른 문장 성분들과 관계없이 독립적으로 성립되는 성분으로 독립어를 빼도 나머지 부분만으로 완전한 문장이 된다. 독립어로는 감탄사, 체언+호격조사, 제시어 등이 올 수 있다.

예 아, 세월은 잘 간다. (감탄사)

영희야, 더운데 창문 좀 열어라. (체언+호격조사)

청춘, 이는 듣기만 하여도 가슴이 설레는 말이다. (제시어)

2 문장의 어순

한국어는 '주어+서술어'의 기본 어순을 가지고 있다. 그리고 서술어의 종류에 따라 목적어, 보어와 부사어가 필요한 경우가 있다. 서술어는 문장의 끝에 위치하고, 목적어와 보어, 부사어는 주어와 서술어 사이에 위치한

다. 한국어의 문장 어순은 일반적으로는 SOV(주어+목적어+서술어)의 형
이다. 그리고 수식언인 관형어는 체언의 주어와 목적어를 수식하고, 부사
어는 서술어를 수식하므로 그 앞에 위치한다. 이에 한국어의 자연스런
문장 어순에 따른 주요 문장 성분의 위치를 보이면 다음과 같다.

(1) 주어, 서술어의 위치
주어는 문두에, 서술어는 문미에 위치한다.

예 꽃이 핀다. 바람이 분다.

(2) 목적어의 위치
목적어는 주어 다음에, 그리고 서술어 앞에 위치한다.

예 영수는 빵을 먹었다.

(3) 보어의 위치
보어는 주어 다음에, 서술어 앞에 온다.

예 영수는 대학생이 / 바보가 아니다.

　　　물이 얼음이 되었다.

(4) 관형어의 위치
관형어는 주어나 목적어 앞에 온다.

예 푸른 하늘이 높다. 영수는 새 책을 샀다.

* 관형어는 단독으로 쓰이지 못하고 반드시 체언 앞에 놓이며, 관형어의 겹침에는 일정
한 순서가 있다.(지시관형사 →수관형사 →성상관형사의 순서) 예) 저 두 젊은 사람

(5) 부사어의 위치

① 부사어는 대체로 서술어 앞에 오며, 목적어 뒤에 온다.

예 영미는 <u>열심히</u> 공부한다.

그 분은 영수를 <u>양자로</u> 삼으셨다.

② 부사어는 부사어 앞에 오고, 간접목적어인 부사어는 직접목적어의 앞에 배열된다.

예 할머니는 <u>아주 잘</u> 주무신다.

영수는 <u>소녀에게</u> 꽃을 선물했다.

③ 부정 부사어 '못, 안'은 일반 부사어 뒤에 온다.

예 차가 너무 <u>못</u> 간다.

학생들이 빨리 <u>안</u> 온다.

3   문장의 짜임

3.1. 홑문장과 겹문장

문장에는 주어와 서술어가 한 번 나타나는 경우의 홑문장과 두 번 이상 나타나는 경우의 겹문장이 있는데, 겹문장은 하나 이상의 절을 갖는다.

```
        ┌─ 홑문장 - 주어 + 서술어
문장 ─┤
        │                 ┌─ 이어진 문장: (주어 + 서술어) + (주어 + 서술어)
        └─ 겹문장 ─┤
                          └─ 안은 문장: 주어 + (주어 + 서술어) + 서술어
```

(1) 홑문장

서술어가 한 번만 나타나서, 주어와 서술어와의 관계가 한 번만 맺어져 있는 문장의 형태이다.

> **예** 철수는 학생이다.
> 영희는 꽃을 샀다.
> 금강산은 우리 나라의 명산이다.
> 철수는 학교에 가게 되었다.

(2) 겹문장

주어와 서술어의 관계가 두 번 이상이 있는 문장으로 서로 안김의 관계를 나타내거나 이어지는 관계를 나타내는 문장의 형태이다.

① 문장 속의 문장 : 문장 속에 다른 홑문장이 포함되어 있는 겹문장이다.

> **예** 우리는 <u>영희가 우리를 사랑했음을</u> 알았다.

② 이어진 문장 : 홑문장이 여럿이 이어져 이루어진 겹문장이다.

> **예** 바람이 불어서 꽃이 떨어졌다.
> 영수는 서울로 갔고, 철수는 부산으로 갔다.

3.2. 안은 문장

안은 문장은 문장 안에 홑문장을 포함한 문장이며, 안긴 문장은 안은 문장 안에 포함된 문장이다.

> 우리는 <u>철수가 시험에 합격했다는</u> 소식을 들었다.
>   (안긴 문장)   (안은 문장)

3.2.1. 명사절을 안은 문장

주어와 서술어의 관계로 구성되는데 명사의 역할을 하며, 형태는 '-(으)ㅁ/-기'로 나타난다. 이때 '-(으)ㅁ'은 완료, '-기'는 예정을 나타낸다.

> (예) 나는 그가 여행을 <u>갔음을</u> 알았다.
> 나는 그녀가 우리를 <u>떠났음을</u> 깨달았다.
> 우리는 눈이 <u>오기를</u> 기다린다.
> 영희는 매일 아침에 <u>운동하기로</u> 결심했다.

3.2.2. 관형절을 안은 문장

관형절을 만드는 형태는 '-(으)ㄴ', '-는', '-(으)ㄹ', '-던', '-고 하는'으로 나타난다.

(1) 짧은 관형절

종결형어미 대신에 관형사형어미 '-(으)ㄴ,-(으)ㄹ'로 '기억, 사건, 사실, 경험' 등의 명사를 꾸며주는 관형절이다.

예 나는 작년에 그 영화를 본 기억이 없다.

영수는 우리가 떠난 사실을 모른다.

(2) 긴 관형절

[종결어미 '-다(라)' + 관형사형어미 '-는'= '-고 하는'] 의 관형절로 '소문, 인상, 제안, 질문' 등의 명사를 꾸며주며, 간접 인용이 안긴 형식이다.

예 그들이 곧 결혼한다는 소문이 있다.

나는 영희가 유능한 음악가라는 인상을 받았다.

3.2.3. 부사절을 안은 문장

부사절을 만드는 형태는 '-이', '-게' '-아/어', '-(으)ㄹ수록' 등이 많이 사용되며, 이 외에도 '-(으)니까', '-(으)므로', '-(으)ㄹ지라도', '-고자', '-다가', '-(이)라도', '-(으)ㄹ뿐더러' 등이 있다.

예 내가 생각했던 것과 같이 비빔밥은 맛있다.

어둠이 소리 없이 다가온다.

그 호텔은 그림이 화려하게 장식되었다.

길이 눈이 와서 얼었다.

3.2.4. 서술절을 안은 문장

서술절을 안은 문장이므로 '주어 + 서술절(주어+서술어)'의 형태를 갖는다. 따라서 외형적으로 보면 주어가 두 개 있는 것처럼 보인다.

예 이 신문은 글씨가 너무 작다.

그 사람은 욕심이 많다.

교수님께서 인품이 좋으시다.

그런데 서술절 안은 문장은 보어를 갖는 홑문장과 유사하다.

> **예** ① 물이 <u>얼음이 되었다.</u>(주어+주어+서술어)
> ② 신문은 <u>글씨가 크다.</u>(주어+주어+서술어)

위의 문장에서 ①은 홑문장이다. 왜냐하면 '얼음이'는 서술어 '되다'의 주어인 '무엇이'에 해당하는 주체적인 특성을 갖지 못한다. 왜냐하면 '얼음으로'의 보어의 속성을 갖기 때문이다. 반면에 ②의 '글씨가'는 서술어인 '크다'의 주어의 특성을 갖는다. 따라서 ②는 서술절을 갖는 겹문장이다.

3.2.5. 인용절을 안은 문장

다른 사람의 말이나 자신이 말한 내용 또는 생각을 그대로 가져와 쓴다. 형태는 '-고', '-라고', '-하고' 등이 있다. 이때 큰 따옴표(" ")를 앞뒤에 붙이는 것이 원칙이다.

> **예** 나는 <u>그의 말이 옳다고</u> 생각한다.
> 민수는 <u>빨리 가자고</u> 말했다.
> 그는 나에게 "<u>나는 영희를 좋아해.</u>"라고 말했다.
> 강아지가 "<u>멍멍</u>"하고 짖는 소리가 들린다.
> 영희는 "<u>날씨가 정말 좋아요.</u>"라고 말했다.

3.3. 이어진 문장

홑문장 두 개 이상이 연결어미에 의해 이어져 겹문장을 이루는 구조이다.

> 문장 A + 연결어미 + 문장 B

3.3.1. 대등하게 이어진 문장

앞 문장과 뒷 문장의 의미 관계가 대등하게 이루어진 문장으로 앞 뒤의 문장을 바꾸어도 의미가 변화되지 않는다. 대등하게 이어진 문장의 형태는 '-고', '-(으)며', '-(으)나', '-지만', '-다만', '-거나', '-(으)ㄴ/는데', '-든지' 등처럼 나열이나 대조나 선택의 의미에 사용된다.

예 인생은 짧고 예술은 길다.(= 예술은 길고 인생은 짧다)
어머니께서는 신문을 읽으시며, 아버지께서는 편지를 쓰신다.
나는 TV를 보나, 그는 TV를 보지 않는다.
그녀는 뚱뚱한데 나는 날씬하다.
영희가 문병을 가든지, 철수가 문병을 가든지 해야 한다.

3.3.2. 종속적으로 이어진 문장

앞 문장과 뒷문장의 의미 관계가 종속적으로 이루어진 문장이다. 즉, 앞의 문장의 원인이라면 뒤의 문장은 이에 영향을 받은 결과의 문장이므로 앞 뒤 문장을 바꾸면 문장의 성립이 안 된다. 형태는 '-(으)면', '-자', '-거든', '-더라면', '-다가', '-아/어/여서' 등으로 원인, 이유, 조건, 가정, 결과의 반대, 첨가, 의도, 순차적인 경우에 사용된다.

예 봄이 오면 꽃이 핀다.

열심히 공부하면 토픽시험에 합격한다.

매일 운동하였으나 살이 빠지지 않았다.

산에 오를수록 비는 세차게 내렸다.

나는 어머니께 드리려고 스카프를 샀다.

영희는 밥을 먹고 학교에 갔다.

3.3.3. 문장의 이어짐과 단어의 이어짐

(1) 문장의 이어짐

두 개 이상의 홑문장이 접속조사 '와/과'에 의해 겹문장으로 이어진다. 이어진 문장은 주어나 목적어 등의 성분이 생략되므로 서술어를 중심으로 연결관계를 파악해야 한다.

① 주어가 접속조사로 이어짐

예 서울과 부산은 인구가 많다.

=서울은 인구가 많다+부산은 인구가 많다.(이어진 문장)

② 목적어가 접속조사로 이어짐

예 철수는 영어와 독일어를 할 줄 안다.

=철수는 영어를 할 줄 안다+철수는 독일어를 할 줄 안다.

③ 부사어가 접속조사로 이어짐

예 철수와 영희는 서울과 부산에 산다.

=철수는 서울에 산다+영희는 부산에 산다.

(2) 단어의 이어짐

두 명사구가 이어진 문장이지만, 다음과 같은 서술어에 의한 문장은 문
장과 문장이 이어진 것으로 해석하거나 분해할 수 없고, 단순히 명사구만
이 이어진 것으로 보아야 하는데, 이를 단어의 이어짐이라 한다.

'닮다, 마주치다, 결혼하다, 만나다, 섞다, 잇다, 비슷하다, 부딪다, 같다,
다르다' 등의 서술어는 '와/과'에 의해 단어를 접속해야 한다.

> 예 철수와 영희는 골목길에서 마주쳤다.≠철수는 골목길에서 마주쳤다+영희는
> 골목길에서 마주쳤다.(이어진 문장이 아니라 단순한 단어의 접속에 불과하
> 다. 즉, 홑문장임)
> 엄마와 딸은 키가 비슷하다.(단어 접속의 홑문장)
> 철수가 영희와 학교에 갔다.(단어의 이어짐)
> 영희와 철수가 학교에 갔다.(단어의 이어짐, 문장의 이어짐)

4 문장의 종결 표현

말하는 사람의 생각이나 느낌을 듣는 사람에게 표현하는 방식으로 종
결어미에 따라 문장의 종류가 나뉜다. 문장의 종결 방식에 따른 문장의
종류에는 평서문, 의문문, 명령문, 청유문, 감탄문이 있다.

① 평서문: 집에 간다.　　　　④ 청유문: 집에 가자.
② 의문문: 집에 가니?　　　　⑤ 감탄문: 집에 가는구나.
③ 명령문: 집에 가라.

4.1. 평서문

평서문은 말하는 사람이 듣는 사람에게 단순히 자기의 생각이나 정보를 전달하거나 어떤 행동의 실현을 약속하는 기능을 한다. 말하는 사람의 주관적 의도나 요구는 포함하지 않는다. 평서문의 형태로 '-다, -ㄴ다/는다', -(스)ㅂ니다' 등이 있다.

종결어미	용법
-다	-형용사 '-이다'의 현재형으로 사용한다. -동사의 경우 시제 선어말어미 '-았/었/였-, -겠' 다음에 사용한다.
-ㄴ다/는다	-동사 현재형으로 사용한다. ㄴ다: 어간이 모음, 'ㄹ'로 끝난 경우에 사용한다. 는다: 어간이 자음('ㄹ'제외) 으로 끝난 경우에 사용한다.
-ㅂ니다/습니다	-다, -ㄴ다/는다'의 높임말(동사, 형용사, '이다')이다. -ㅂ니다: 어간이 모음, 'ㄹ'로 끝난 경우에 사용한다. -습니다: 어간이 자음('ㄹ'제외)으로 끝난 경우에 사용한다.

예 꽃이 예쁘다 / 꽃이 예쁩니다

　　서울에 가다 / 서울에 간다 / 서울에 갑니다

　　밥을 먹다 / 밥을 먹는다 / 밥을 먹습니다

4.2. 의문문

의문문은 화자가 청자에게 질문하여 그 대답을 요구하는 기능을 한다. 의문문의 형태로 '-ㅂ니까/습니까, -니, -느냐/으냐, -(으)ㄹ래(요), -(으)ㄹ까(요)' 등이 있다.

종결어미	용법
-느냐	동사와 '있다, 없다'의 현재형으로 사용한다.
-(으)냐	-형용사, '이다'의 현재형으로 사용한다.
-(으)니	-동사, 형용사, '이다'의 현재형으로 사용한다.
-(으)ㄹ래	-동사에만 사용한다. -2인칭에만 사용한다. -ㄹ래: 모음, 'ㄹ'으로 끝난 경우에 나타난다. -을래: 자음('ㄹ'제외)으로 끝난 경우에 사용한다. '요'와 결합하여 높임으로 사용한다.
-(으)ㄹ까	-동사, 형용사, '이다'에 사용한다. -ㄹ까: 모음, 'ㄹ'로 끝난 경우에 사용한다. -을까: 자음('ㄹ'제외)으로 끝난 경우에 사용한다. -'요'와 결합하여 높임으로 사용한다.
-ㅂ니까 /습니까	-듣는 사람을 높이는 상대 높임의 역할을 한다. -ㅂ니까: 모음, 'ㄹ'로 끝난 경우에 사용한다. -습니까: 자음('ㄹ'제외)으로 끝난 경우에 사용한다. -동사, 형용사, '이다'에 사용한다.

> 예 꽃이 예쁘냐 / 꽃이 예쁠까 / 꽃이 예쁩니까?
>
> 집에 가느냐 / 집에 가냐 / 집에 가니 / 집에 갈래 / 집에 갈까 / 집에 갑니까?
>
> 밥을 먹느냐 / 밥을 먹냐 / 밥을 먹니 / 밥을 먹을래 / 밥을 먹을까 / 밥을 먹습니까?
>
> 누가 있느냐 / 누가 있니 / 누가 있을래 / 누가 있을까 / 누가 있습니까?

4.3. 명령문

명령문은 화자가 청자에게 무엇을 시키거나 행동을 요구하는 기능으로 행동을 요구한다. 명령문의 형태로 '-아라/어라;'-(으)십시오' 등이 있다.

종결어미	용법
-아라/어라	듣는 사람을 높이지 않는 명령형 종결어미이다. 시제 선어말어미와 함께 사용할 수 없다.
-(으)십시오	-듣는 사람을 높이는 명령형 종결어미이다. -시제 선어말어미와 함께 사용할 수 없다. -부탁의 경우 '-아/어/여 주십시오'를 사용한다. -의문형으로 하면 더 공손한 표현이 된다.

예 글을 써라. / 글을 쓰십시오.

　　책을 읽어라. / 책을 읽으십시오.

4.4. 청유문

청유문은 화자가 청자에게 함께 행동할 것을 요청하거나 제안하거나 촉구하는 기능을 한다.

청유문의 형태로 '-자,-(으)ㅂ시다' 등이 있다.

종결어미	용법
-자	-듣는 사람을 높이지 않는 청유형 종결어미이다. -시상 선어말어미와 함께 사용할 수 없다.
-(으)ㅂ시다	-듣는 사람을 높이는 명령형 선어말어미이다. -윗사람에게는 쓸 수 없다. -윗사람에게 청유할 때는 의문형으로 쓴다. -시제 선어말어미와 함께 쓸 수 없다.

예 학교에 가자. / 학교에 갑시다.

　　밥을 먹자. / 밥을 먹읍시다.

4.5. 감탄문

감탄문은 화자가 청자를 별로 의식하지 않거나 거의 독백하는 상태에서 정보의 전달보다는 자기의 느낌을 표현하는 기능을 한다. 감탄적 어조의 화자 표현일 경우에 해당된다. 감탄문의 형태로 '-구나/는구나' 등이 있다.

종결어미	용법
-구나/는구나	-듣는 사람을 높이지 않는 감탄형 종결어미이다. -구나: 형용사, '이다'에 사용한다. -는구나: 동사에 사용한다. -높임의 경우에는 '-군요/는군요'를 사용한다.

예 꽃이 예쁘구나!

비가 오는구나!

눈이 오는군요!

---

5 높임 표현

말을 할 때 화자(말 하는 이)와 청자(말 듣는 이)가 있고, 문장 속에 나타나는 주체(주어)가 있다. 이들의 사회적 지위나 연령, 친분 관계, 가족 관계 등을 고려하여 높임과 낮춤의 정도를 구별하여 표현하는 방식이나 체계를 높임법이라 한다. 높임법에는 주체높임법, 상대높임법, 객체높임법이 있다. 또한 어휘 요소에 의한 높임말과 낮춤말이 있다.

5.1. 주체높임법

주체높임법은 문장의 주체(주어)를 높이는 것이다. 문장의 주체가 화자보다 나이나 사회적 지위가 높을 경우 사용한다.

(1) '동사, 형용사, -이다'의 어간에 '-(으)시-'를 붙여 높인다.

	받침 ○	받침 X
	-으시-	-시-
동사	입다 → 입+으시+다 → 입으시다 읽다 → 읽+으시+다 → 읽으시다	가다 → 가+시+다 → 가시다 보다 → 보+시+다 → 보시다
형용사	좋다 → 좋+으시+다 → 좋으시다 없다 → 없+으시+다 → 없으시다	예쁘다 → 예쁘+시+다 → 예쁘시다 착하다 → 착하+시+다 → 착하시다
-이다		-이다 → -이+시+다 → 이시다

예 아버지께서 책을 읽으십니다.
　　선생님께서 학교에 가십니다.
　　기분이 좋으십니까?
　　이분이 박 교수님이십니다.

참고 나이와 사회적 지위가 일치하지 않을 경우, 사적(私的, personal)인 자리에서는 나이가, 공적(公的, official)인 자리에서는 사회적 지위가 우선이다.

(2) 주체를 높일 경우 주격조사 '-이/가' 대신 '께서'를 붙인다.

예 할아버지가 운동을 합니다. → 할아버지께서 운동을 하십니다.
　　선생님이 전화를 받아요. → 선생님께서 전화를 받으세요.

(3) 주체가 높아도 공적인 입장에서는 '-(으)시-'를 사용할 수 없다.

예 대통령이 회견장으로 <u>입장하였습니다.</u>

(4) 주체높임법은 화자와 주체만에 의해 결정되지 않고, 청자를 고려할 경우가 있다. 청자가 주체보다 높을 때에는 '-(으)시-'를 사용하지 않는다.

예 사장님, 김 대리가 왔어요. (청자: 사장님 〉 주체: 김 대리〉 화자: 일반사원)
아버님, 아비가 왔어요. (청자: 아버님 〉 주체: 아비 〉 화자: 며느리)

(5) 높임의 주체와 관련된 사물, 소유물, 신체의 부분은 '-(으)시-'를 붙여서 간접적으로 높인다.

예 할머님께서는 귀가 <u>밝으십니다.</u>
아버님의 연세가 <u>많으십니다.</u>
선생님께서는 감기가 <u>드셨습니다.</u>
박 교수님은 따님만 <u>있으시다.</u>

참고 있으시다/ 계시다

존재의 유무를 나타내는 '있다'의 높임법은 '계시다'이고, 간접높임은 '있으시다'이다.

기본형	높임법	간접 높임
있다	계시다	있으시다

예 영수가 집에 있다.
아버지께서 집에 <u>계신다.</u>
아버지께서는 회사에 일이 <u>있으시다.</u>

5.2. 상대높임법

상대높임법은 화자가 청자를 높이는 것이다. 청자와의 관계에 따라 높임과 낮춤의 정도가 결정되며, 그 등급은 종결어미에 나타난다. 상대높임법에는 격식체와 비격식체가 있다. 격식체는 공식적이고 의례적인 상황에서 사용하며 '하십시오체, 하오체, 하게체, 해라체'가 있다. 비격식체는 화자와 청자 사이가 가깝거나 공식적이 아닌 상황에서 사용한다. 주로 일상 회화에서 많이 사용하며 '해요체, 해체'가 있다.

문장의 종류	격식체				비격식체	
	높임말		낮춤말		높임말	낮춤말
	아주높임	예사높임	예사낮춤	아주낮춤	두루높임	두루낮춤
	하십시오체	하오체	하게체	해라체	해요체	해체
평서형	-ㅂ니다/습니다 -(으)십니다	-(시)오	-네 -(으)네	-다 -ㄴ/는다	-어(아/여) 요	-어(아/여)
의문형	-ㅂ니까?/습니까? -(으)십니까?	-(시)오?	-나? -는/(으)ㄴ가?	-니? -냐?/-느냐? -(으)니? -(으)냐?	-어(아/여) 요?	-어(아/여)?
명령형	-(으)십시오	-(으)ㅂ시오 -오, -구려	-게	-어(아/여) 라 -거라	-어(아/여) 요	-어(아/여) -지
청유형	-(으)십시다	-(으)ㅂ시다	-세	-자	-어(아/여) 요	-어(아/여) -지
감탄형	-	-는구려	-는구먼	-는구나	-어(아/여) 요	-어(아/여) -지

> **예** 조심해서 <u>가십시오</u>.　　(하십시오체)
> 　　조심해서 <u>가시오</u>.　　　(하오체)
> 　　조심해서 <u>가게</u>.　　　　(하게체)
> 　　조심해서 <u>가거라</u>.　　　(해라체)
> 　　조심해서 <u>가세요</u>.　　　(해요체)
> 　　조심해서 <u>가</u>.　　　　　(해체)

5.3. 객체높임법

객체높임법은 목적어나 부사어가 지시하는 대상, 즉 서술의 객체를 높이는 것이다. 객체높임은 주로 동사에 의해 실현된다. 이는 어휘 요소에 의한 높임말과 유사하다.

> **예** 나는 <u>친구를</u> <u>데리고</u> 학교로 갔다.
> 　　나는 <u>아버지를</u> <u>모시고</u> 집으로 갔다.

(1) 조사 '-에게/한테' 대신 '께'를 붙인다.

> **예** 나는 그 책을 <u>철수에게</u> <u>주었다</u>.
> 　　나는 그 책을 <u>선생님께</u> <u>드렸다</u>.

5.4. 어휘 요소에 의한 높임말과 낮춤말

(1) 동사 자체가 높임의 뜻을 가지고 있어 '-(으)시-'를 사용하지 않는다.

동사	높임말
먹다	드시다, 잡수시다
마시다	드시다
자다	주무시다
죽다	돌아가시다
있다	계시다
말하다	여쭙다
보다	뵙다
데리다	모시다

예〉 아침을 드셨어요(잡수셨어요)?

음료수를 드세요.

잘 주무셨어요?

할아버지께서 돌아가셨다.

선생님께서 교실에 계신다.

부모님께 여쭤 보고 결정하겠습니다.

내일 뵙겠습니다.

선생님을 모시러 갔다.

(2) 명사 자체가 높임의 뜻을 가지고 있다.

명사	높임말
밥	진지
집	댁
사람	분
나이	연세
말	말씀

예 진지를 드셨어요?

　　댁이 어디세요?

　　저분은 누구세요?

　　연세가 어떻게 되세요?

　　말씀하세요.

참고 말씀

　　'말씀'은 '말'의 높임말(①)과 화자 자신을 낮추는 말(②)로도 쓰인다.

　　① 선생님의 말씀을 잘 들었습니다.

　　② 제가 말씀 드리겠습니다.

(3) 사람을 나타내는 명사 뒤에 '-님'을 붙여 높인다.

사람을 나타내는 명사	-님
선생	선생님
어머니	어머님
아버지	아버님
형	형님
누나	누님
아들	아드님
딸	따님
사장	사장님

(4) 명사가 낮춤의 뜻을 가지고 있다.

　　화자가 자기 자신이나 자신에게 속한 사물을 낮추어 말함으로써 상대를 높인다.

대명사	낮춤말
나	저
우리	저희

참고 우리나라(○) / 저희 나라(X)

'나라'는 다른 나라, 다른 민족 앞에서 낮출 수 있는 대상이 아니다. 그러므로 '우리'의 낮춤말인 '저희'를 써서 '저희 나라'라고 말하지 않고 '우리나라'라고 말한다.

6 시간 표현

한국어의 시제는 말하는 사람의 발화 시점(발화시)과 사건이나 상황이 일어난 시점(사건시)에 따라 현재 시제, 과거 시제, 미래 시제로 구분된다. 발화시와 사건시가 일치할 때를 현재 시제라 하고, 사건시가 발화시보다 앞설 때를 과거 시제라 하며, 사건시가 발화시보다 뒤에 올 때를 미래 시제라 한다. 그러나 시간을 표현하는 데는 서법과 동작상도 있기 때문에 이에 대해서도 유의해야 한다. 한국어의 시제는 다음과 같은 방법으로 표현된다.

(1) 종결어미에 의한 표현
(2) 관형사형 어미에 의한 표현
(3) 시간을 나타내는 부사들에 의한 표현*

* 시간을 나타내는 부사들은 시제는 아니지만 어떤 사건이 일어난 시점을 나타내는
부사(지금, 아까, 어제, 오늘, 내일, 금방, 먼저 등)로 시간 관계를 더욱 분명하게 한다.

6.1. 종결어미에 의한 표현

6.1.1. 현재 시제

(1) 현재 시제는 평서형, 의문형, 감탄형의 종결어미를 그대로 사용한다.

평서문	격식체	비격식체	-(ㄴ/는)다
	-ㅂ/습니다	-아(어/여)요	
가다	갑니다	가요	간다
먹다	먹습니다	먹어요	먹는다
이다	입니다	이에요/예요	이다

> 예 저는 학교에 갑니다.   (평서문)
>   직업이 무엇입니까?   (의문문)
>   경치가 정말 멋있군요. (감탄문)

(2) 한국어는 격식을 차려야 할 때와 그렇지 않을 때를 구분하여 표현한다. 일상 대화에서는 '-아요/어요/여요'의 비격식체를 많이 사용한다.

① 격식체

구분		격식체	
		받침(○)	받침(X)
		-습니다	-ㅂ니다
동사	먹다 가다	먹습니다	갑니다
형용사	좋다 싸다	좋습니다	쌉니다
명사+이다	학생이다 의자이다	학생입니다	의자입니다

예 한국 음식은 맛있습니다.

날씨가 좋습니다.

노래를 합니다.

저는 학생입니다.

② 비격식체

구분			비격식체		
동사, 형용사	ㅏ, ㅗ	-아요	가다 오다 좋다 싸다	가 + 아요 오 + 아요 좋 + 아요 싸 + 아요	가요 와요 좋아요 싸다
	ㅓ,ㅜ, ㅣ	-어요	먹다 주다 길다	먹 + 어요 주 + 어요 길 + 어요	먹어요 주어요 길어요
	-하	-여요 (해요)	공부하다 행복하다	공부하 + 여요 행복하 + 여요	공부해요 행복해요
명사 +이다	받침(○)	-이에요	학생이다	학생 + 이에요	학생이에요
	받침(X)	-예요	의자이다	의자 + 예요	의자예요

용언(동사,형용사) 어간의 끝 모음이 'ㅏ', 'ㅗ' 일 때 '-아요'를 붙이고, 'ㅏ', 'ㅗ' 이외의 모음인 경우에는 '-어요'를 붙인다. 어간 끝음절이 '하'일 때는 '-하여요'를 붙이고, 이를 다시 줄여서 '해요'로 쓴다. 그러나 다음의 경우는 준 대로 적는다.

① ㅏ + ㅏ → ㅏ : 가아요 → 가요, 싸아요 → 싸요
② ㅗ + ㅏ → ㅘ : 오아요 → 와요, 보아요 → 봐요
③ ㅣ + ㅓ → ㅕ : 기다리어요 → 기다려요

한국 음식이 맛있어요.
　　　　날씨가 좋아요.
　　　　노래를 해요.
　　　　저는 학생이에요.

(3) 높임의 의미가 없는 평서문 현재 시제는 다음과 같다. 주로 글을 쓸 때 많이 사용한다.

구분			예		
동사	받침(○)	–는다	읽다	읽 + 는다	읽는다
	받침(X), ㄹ	–ㄴ다	자다 만들다	자 + ㄴ다 만들 + ㄴ다	잔다 만든다
형용사	-다		크다 작다	크 + 다 작 + 다	크다 작다
-이다	-다		학생	학생이다	

영수는 학생이다.
　　　　지금 밥을 먹는다.
　　　　한국 음식이 맛있다.

(4) 현재의 동작이나 사물의 성질, 현재 상태를 나타낸다.

예 지금 학교에 간다.

요즘 과일 값이 비싸요.

우리 아버지는 선생님입니다.

책은 책상 위에 있어요.

(5) 현재의 반복되는 동작이나 습관적인 행위를 나타낸다.

예 매일 저녁 저는 공원을 산책한다.

그는 노래할 때 꼭 춤을 춘다.

(6) 시간을 초월한 불변의 진리나 보편적인 사실을 나타낸다.

예 지구는 돈다.

한국 사람들은 보통 매운 음식을 좋아한다.

(7) 사건시가 발화시보다 뒤에 올 때도 예정된 경우에는 현재 시제를 사용한다. 이때 시간을 나타내는 부사들과 함께 쓰인다.

예 내일은 소풍을 가요.

저는 1년 후에 대학교를 졸업합니다.

기차가 곧 출발합니다.

내년에 박 교수님께서 미국에 가십니다.

6.1.2. 과거 시제

(1) 과거 시제 선어말어미인 '-았/었/였-'을 사용하여 이미 완료된 동작이나 상태를 나타낸다.

구분			예			
				−았/었/였어요	−았/었/였습니다	았/었/였다
동사, 형용사, -이다	ㅏ, ㅗ	-았-	가다 오다 좋다 싸다	가 + 았어요 오 + 았어요 좋 + 았어요 싸 + 았어요	갔어요 왔어요 좋았어요 쌌어요	갔습니다 왔습니다 좋았습니다 쌌습니다	갔다 왔다 좋았다 쌌다
	ㅓ, ㅜ, ㅡ, ㅣ	-었-	먹다 기다리다 길다	먹 + 었어요 기다리 +었어요 길 + 었어요	먹었어요 기다렸어요 길었어요	먹었습니다 기다렸습니다 길었습니다	먹었다 기다렸다 길었다
	-하	-였-	공부하다 행복하다	공부하+ 였어요 행복하+ 였어요	공부했어요 행복했어요	공부했습니다 행복했습니다	공부했다 행복했다

예 어제 나는 친구와 같이 수영장에 갔어요.

상수 씨, 아침을 먹었어요?　　→ 네, 먹었어요.

어제는 날씨가 맑았습니다.

어제 친구를 만났어요.

(2) 아직 발생하지 않은 미래의 일을 예상하여 나타낸다.

예 내일 비가 온다는데 놀러 가기는 다 틀렸다.

영수야, 이번 성적을 보니까 올해 대학에 붙을거야. 걱정하지 마.

(3) 과거의 일이나 경험을 돌이켜 회상할 때에는 '-더-'를 사용한다.

예 철수는 어제 도서관에서 공부하더라.

이것은 내가 어릴 때 읽었던 책이다.

공부를 열심히 했더니 시험에 붙었다.

(4) 과거 시제를 표시하는 데는 '-었었-'이 사용되기도 한다. '-었었-'은

발화시보다 훨씬 이전에 일어난 사건(과거의 과거)을 나타내고, 현재와 시간상의 거리가 멀어 단절된 느낌을 나타낸다.

예) 나는 어제 인천에 갔었다.
   누가 왔었어요?

참고 '-었-'과 '-었었-'

① 그는 제주도에 갔다.(제주도에 가서 지금도 제주도에 있는지 아니면 다른 곳으로 갔는지 알 수 없다. 분명한 것은 지금 이 자리에는 없다.)
   그는 제주도에 갔었다.(제주도에 다녀온 경험이 있는 것으로 지금 이 자리에 있을 수도 있고 없을 수도 있다.)
② 철수가 왔어요? (철수가 와 있는 상태)
   철수가 왔었어요? (지금은 철수가 없지만)
③ '-었-'과 '-었었-'은 동사, 형용사의 의미에 따라서 별 차이 없이 사용하기도 한다.

   예) 나는 초등학교 때 이 학교를 다녔다.
      나는 초등학교 때 이 학교를 다녔었다.

      그녀는 예전에 대전에 살았다.
      그녀는 예전에 대전에 살았었다.

      나는 어렸을 때 몸이 약했다.
      나는 어렸을 때 몸이 약했었다.

6.1.3. 미래 시제

(1) 미래 시제는 선어말어미인 '-겠-'과 미래 관형사형 어미 '-(으)ㄹ'에 의존명사 '것(거)'이 합쳐진 '-(으)ㄹ 것(거)'에 의해 표현된다.

구분			-겠어요	-겠습니다	-겠다
동사, 형용사, -이다	-겠-	보다 읽다 기쁘다 만들다	보겠어요 읽겠어요 기쁘겠어요 만들겠어요	보겠습니다 읽겠습니다 기쁘겠습니다 만들겠습니다	보겠다 읽겠다 기쁘겠다 만들겠다

구분				-(으)ㄹ 거예요	-(으)ㄹ 것입니다	-(으)ㄹ 것이다
동사, 형용사, -이다	받침(○)	-을 것(거)-	읽다 먹다	읽을 거예요 먹을 거예요	읽을 것입니다 먹을 것입니다	읽을 것이다 먹을 것이다
	받침(X), ㄹ	-ㄹ 것(거)-	기쁘다 만들다	기쁠 거예요 만들 거예요	기쁠 것입니다 만들 것입니다	기쁠 것이다 만들 것이다

> 예 내일 눈이 오겠다.
>
> 내일 다시 전화할 것이다.
>
> 내일 친구가 학교로 올 거예요.

참고 '-겠-'과 '-(으)ㄹ 거예요'

'-겠-'은 화자의 강한 의지나 추측이 들어간 표현이고, '-(으)ㄹ 거예요'는 단순한 미래나 또는 '-겠-'보다는 약한 의지나 추측을 나타낸다.

(2) '-겠-'은 화자의 의지나 추측을 나타내기도 한다.

① 주어가 1인칭일 때 화자의 의지를 나타낸다.

> 예 제가 하겠습니다.
>
> 합격할 때까지 열심히 공부하겠습니다.

② 주어가 2인칭, 3인칭일 때 화자의 추측을 나타낸다.

> 예 내일은 날씨가 좋겠다.

복권에 당첨돼서 기쁘시겠어요.

지금쯤 서울에 도착했겠다.

③ 가능성의 경우에도 사용된다.

예 나도 그 정도의 문제는 능히 풀겠다.

참고 시간 부사

시간 부사가 시제와 반드시 일치하는 것은 아니다. 시간 부사는 시제를 보조하는 역할을 한다. 어미에 의한 시제 자체는 어떤 사건이 일어난 시간과 발화시와의 선후관계만을 나타내고, 그것이 언제 일어났는지를 알려주는 것은 시간 부사이다. 따라서 대체로 시제 어미에 의해 과거, 현재, 미래가 결정된다.

① 지금 영희가 학교에 갔다.

　　→ 시간 영역이 현재 발화 순간 이전의 과거 영역을 내포(실현 인식).

② 너, 내일 죽었다.

　　→ 아직 실현되지 않은 미정적 상황을 과거시제 '-었'에 의해 그 실현이 확정적인 상황(위협, 강한 의지)으로 봄.

③ 운동장에서 놀았겠다.

　　→ 과거의 확정적 상황만큼이나 미래의 상황을 확정적인 것으로 기술하려는 화자의 주관적 판단(상황시의 선시성).

④ 이제 저 사람은 늙었다.

　　→ 늙은 상태가 현재까지 지속.

6.2. 관형사형 어미에 의한 표현

		과거	현재	미래	과거 회상
동사	받침(○)	-은	-는	-을	-던
	받침(X),ㄹ	-ㄴ		-ㄹ	
형용사	받침(○)	-	-은	-을	-던
	받침(X),ㄹ		-ㄴ	-ㄹ	
-이다		-	-ㄴ	-ㄹ	-던
있다/없다		-	-는	-을	-던

6.2.1. 현재 시제

수식을 받는 명사가 동작을 진행하고 있거나 현재 상태를 나타낸다.

> 예) 지금 <u>먹는</u> 음식은 맛이 없다.
>
> 지금 <u>듣는</u> 음악은 뭐예요?
>
> 저렇게 <u>부지런한</u> 사람은 처음 본다.
>
> 나는 <u>멋있는</u> 축구 <u>선수인</u> 그를 좋아한다.

6.2.2. 과거 시제

동사에만 나타나며, 수식을 받은 명사의 동작이 완료됨을 나타낸다.

> 예) 어제 <u>먹은</u> 음식은 맛이 없었다.
>
> 이 책은 전에 <u>읽은</u> 책이다.
>
> 영희는 졸업 후에 <u>학생이던</u> 신분에서 벗어났다.
>
> 이건 내가 <u>만든</u> 과자야.
>
> 책상 위에 <u>있던</u> 연필이다.

여기에 <u>살던</u> 사람이 이사를 갔다

참고 '있다/없다'

'있다/없다'는 동사처럼 활용하여 '-는', '-을'이 붙는다. 과거 시제는 과거 회상을 나타내는 '-던'과 결합하여 사용한다.

6.2.3. 미래 시제

아직 실현되지 않은 일을 나타내거나 추측을 나타낸다.

예 내일 <u>먹을</u> 음식도 맛이 없을 거예요.
내일 소풍 <u>갈</u> 사람은 아침 7시까지 나와야 한다.
여러분, <u>공부할</u> 책 가지고 왔어요?
주말에 <u>입을</u> 옷을 세탁소에 맡겼어요.
오후에 <u>만날</u> 사람이 있어요.
제주도는 경치가 <u>아름다울</u> 거예요.
아마도 그는 <u>의사일</u> 거예요.

참고 절대시제와 상대시제

안은문장의 사건시에 기대어 상대적으로 결정되는 시제로 대개 관형사형 어미에 의해 나타난다. 아래 예문에서 '김장하시는'은 상대적 시제로 '과거에 있어서의 현재'로 해석되며, '도와 드렸다'는 과거를 나타내는 절대시제이다.

예 미영이는 어제 <u>김장하시는</u> 어머니를 <u>도와 드렸다</u>.
<u>도울</u> 학생이 <u>없었다</u>. (도울 : 상대시제 미래, 없었다 : 절대시제 과거)

6.3. 시간을 나타내는 부사에 의한 표현

어떤 사건이 일어난 시점을 나타내는 부사로 시간 관계를 더욱 분명하게 한다.

> 예 지금 학교에 가요.
> 아까 철수를 만났어요.
> 오늘 영화를 보러 갈 거예요.
> 곧 갖다 드릴게요.

6.4. 동작상

동작상(동사상)은 발화시를 기준으로 동작이 일어나는 모습을 나타낸다. 즉, 발화시를 기준으로 동작이 막 끝난 모습, 동작이 계속 이어 가는 모습을 나타낸다. 동작상은 주로 연결어미와 보조용언이 결합하여 '본용언+보조용언'의 형태로 나타나며, 진행상, 완료상, 예정상이 있다.

(1) 진행상

진행상은 사건이나 동작이 진행되고 있음을 나타내고, 반복되는 사건이나 습관을 나타내기도 한다. 그 형태로는 연결어미 '-고'에 보조용언 '있다'의 결합이 있고, 연결어미 '-어'에 보조용언 '가다, 오다'의 결합이 있다.

구분	연결어미	보조용언	형태
진행상	-고	있다	-고 있다
	-어(아,여)	가다 오다	-어 가다 -어 오다

예 상수는 학교에 <u>오고 있다</u>.

철수는 지금 옷을 <u>입고 있다</u>.

아이가 <u>기어 온다</u>.

과일이 빨갛게 <u>익어 간다</u>.

일이 다 <u>끝나 간다</u>

매일 한국어를 <u>공부하고 있어요</u>.

(2) 완료상

완료상은 사건이나 동작이 이미 완료되었음을 나타낸다. 그 형태로는 연결어미 '-어'에 보조용언 '있다, 버리다, 내다, 놓다'의 결합이 있고, 연결어미 '-고'에 보조용언 '있다, 말다'의 결합이 있다.

구분	연결어미	보조용언	형태
완료상	-어(아,여)	있다 버리다 내다 놓다	-어 있다 -어 버리다 -어 내다 -어 놓다
	-고	있다 말다	-고 있다 -고 말다

예 민수는 의자에 <u>앉아 있다</u>.

영수는 그 남은 빵을 다 <u>먹어 버렸다</u>.

우리는 추위를 <u>이겨 냈다</u>.

보고서를 이미 <u>작성해 놓았지만</u> 언제 제출해야 할지 모르겠다.

철수는 이미 모자를 <u>쓰고 있다</u>.

사랑하던 영미가 <u>떠나고 말았다</u>.

> **참고** '-고 있다'
>
> '-고 있다'는 본용언이 무엇이냐에 따라 완료상과 진행상의 의미를 모두 갖는다. '입다, 벗다, 쓰다, 신다, 매다, 풀다, 끼다, 열다, 닫다, 감다' 등의 경우 완료상과 진행상의 의미를 모두 갖는다.
>
> 예 철수는 모자를 <u>쓰고 있다</u>. (진행: 모자를 쓰는 동작이 진행되고 있음,
> 　　　　　　　　　　　　　완료: 모자를 쓴 후 상태 지속)
> 문을 <u>열고 있다</u>. (진행: 문을 여는 동작을 함,
> 　　　　　　　　完료: 문을 연 후 문이 열려 있는 상태 지속)

(3) 예정상

예정상은 어떤 동작이 예정되어 있음을 나타낸다. 형태는 연결어미 '-게'에 보조용언 '되다'의 결합이 있고, 연결어미 '-려고'에 보조용언 '하다'의 결합이 있다.

구분	연결어미	보조용언	형태
예정상	-게	되다	-게 되다
	-려고	하다	-려고 하다

> 예 우리는 그 일을 <u>하게 되었다</u>.
> 철수가 곧 <u>떠나려고 한다</u>.

> **참고** '시제'와 '상'
>
> 시제와 상은 다르다. 시제는 우선 발화시간과 관련된 장면의 시간적 위치를 결정하는 것으로 하나의 문법 범주로 파악할 수 있다. 따라서 시제는 지식적인 것으로 장면(상황)의 외적 구성이며 주로 형태적 실현에 초점을 둔다. 그리고 현재와 미래를 나타내는 굴절형태소가 미분화되었기에 과거(-았/었-)와 비과거의 2가지로 나눈다. 반면에 상은 단순히 발화시간과 관련된 장면의 위치를 결

정하는 것이 아니라 동작이 그 장면에 어떻게 펼쳐져 있는 가에 있다. 따라서 시제가 장면의 외적 상황이라면 상은 장면의 내적 상황이다. 그리고 시제가 주로 형태적 실현이라면 상은 통사적 실현에 있다. 상의 문법 범주로는 완료상과 미완료상의 대립이 있으며 미완료상은 다시 반복상, 진행상, 예정상으로 세분된다.

> 예 영수는 제주도에 <u>갔다</u>.   (과거)
>   영수는 제주도에 <u>가 있다</u>.   (완료상)
>   영수는 제주도에 <u>가고 있다</u>. (진행상)

7 부 정 표 현

부정을 나타내는 '안(아니)', '못'을 사용하는 문장을 말한다. '안(아니)'는 객관적 사실에 대한 부정과 동작주의 의지에 대한 부정이라면, '못' 부정은 능력 부족이나 외부의 원인으로 어떤 일이 되지 않는 상황이나 기대에 미치지 못하는 경우에 사용된다. 또한, '-지 않다', -지 못하다'를 사용하여 긴 부정문을 만든다.

7.1. '안' 부정문

(1) 짧은 부정문
긍정문의 형식을 사용하고, 서술어 앞에 '안(아니)'가 사용된다.

> 예 안 + 동사(가다) = '안' 부정문 → 마야는 학교에 안 가요.
>   안 + 형용사(춥다) = '안' 부정문 → 날씨가 안 추워요.

(2) 긴 부정문

용언의 어간에 '보조적 연결어미(지)+아니하다(않다)'가 결합된 문장이다.

> 예 동사(가다) + -지 않다 → 로빈은 학교에 <u>가지 않아요</u>.
>
> 형용사(어렵다) + -지 않다 → 한국어가 <u>어렵지 않아요</u>.

7.2. '못' 부정문

(1) 짧은 부정문

서술어 앞에 부정부사 '못'을 사용하여 만든다. 그러나 '못' 부정부사는 형용사 앞에 오면 어색하다.

> 예 못 + 동사(낳다) = '못' 부정문 → 남자는 아기를 <u>못 낳아요</u>.
>
> 못 + 형용사(넓다) = '못' 부정문 → * 운동장이 <u>못 넓어요</u>.

(2) 긴 부정문

용언의 어간에 '보조적 연결어미(지)+아니하다(않다)'가 결합된 문장이다.

> 예 동사 + -지 못하다 → 클린턴 씨는 직장을 <u>그만두지 못해요</u>.
>
> 형용사 + -지 못하다 → 집이 <u>깨끗하지 못해요</u>.

(3) '명사+하다'의 부정문

'숙제하다', '운동하다' 등의 '명사+하다'류 서술어 동사는 '숙제를 하다', '운동을 하다'에서 '-을/를'이 생략된 것으로 보아 '숙제를 안하다/못하다.'와 '운동을 안하다/못하다.'로 부정문을 만든다.

예 숙제하다 → 숙제를 <u>안</u>하다(* 안 숙제하다).

숙제를 <u>못</u>하다(* 못 숙제하다).

운동하다 → 운동을 <u>안</u>하다(* 안 운동하다).

운동을 <u>못</u>하다(* 못 운동하다).

(4) 명령문과 청유문의 부정문

명령문과 청유문에는 '안' 부정문과 '못' 부정문이 쓰이지 못하고 '-지 말다'를 사용하여 부정문을 만든다.

예 명령문 + -지 말다 → 너는 PC방에 <u>가지 마라</u>.

청유문 + -지 말다 → 우리 도서관에 <u>가지 말자</u>.

참고 '안' 부정문과 '못' 부정문은 평서문, 감탄문, 의문문에만 나타난다. 그러나 '바라다, 원하다, 희망하다' 등의 원망을 나타내는 동사들은 명령문이나 청유문이 아니라도 '-지 말다'에 의해 부정문을 만들 수 있다. 다만 직접명령문에서 '-지 말다'는 '-지 마라'가 된다. 단, 간접명령문에서는 '-지 말라'로 쓴다.

(5) 어휘 부정 표현

부정의 의미를 지니는 특정한 어휘나 부정 표현과 호응이 되는 어휘들에 의해서도 부정문이 생성된다.

① 부정의 어휘

'이다 ↔ 아니다, 있다 ↔ 없다, 알다 ↔ 모르다'에서처럼 대립적인 어휘를 사용하여 만든다.

예 그는 사람<u>이다</u>. → 그는 사람이 <u>아니다</u>.

영수가 여기 <u>있다</u>. → 영수가 여기 <u>없다</u>.

철수는 이곳의 지리를 잘 <u>안다</u>. → 철수는 이곳의 지리를 잘 <u>모른다</u>.

② 부정의 부사

'결코, 전혀, 조금도, 도저히, 하나도, 별로'의 부사를 사용하여 부정의
문장을 만든다.

> **예** 그는 <u>결코(조금도, 도저히)</u> 시험 공부를 <u>포기하지 않을 것이다</u>.
>
> 영호는 <u>별로</u> 가고 <u>싶지 않다</u>.

8 피동 표현

8.1. 능동과 피동의 개념

문장의 주어가 제 힘으로 어떤 동작이나 행위를 하는 것을 능동이라
하고 이것을 나타내는 동사를 능동사라 한다. 반면 피동은 주어가 남이
행하는 동작이나 행위에 의해 영향을 입는 것을 말하며, 이것을 나타내는
동사를 피동사라 한다. 그리고 능동과 피동을 문법적 절차에 따라 표현한
문장을 능동문(①)과 피동문(②)이라 한다.

> **예** ① 고양이가 쥐를 <u>잡았다</u>.
>
> ② 쥐가 고양이에게 <u>잡(히었)혔다</u>.

8.2. 피동 표현의 종류

8.2.1. 피동 접미사에 의한 피동 표현(짧은 피동)

어휘적 피동문이라고도 하는 짧은 피동문은 능동사의 어간에 피동 접

미사를 붙여서 만든다.

능동사 어간 + 피동 접미사(-이-, -히-, -리-, -기-)

능동사	피동 접미사	피동사
놓다 보다 묶다 섞다	-이-	놓이다 보이다 묶이다 섞이다
닫다 먹다 묻다 밟다	-히-	닫히다 먹히다 묻히다 밟히다
누르다 듣다 물다 밀다	-리-	눌리다 들리다 물리다 밀리다
감다 끊다 안다 찢다	-기-	감기다 끊기다 안기다 찢기다

(1) 피동 표현 만들기

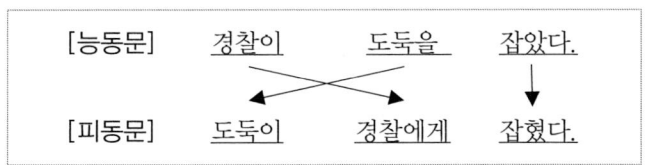

능동문의 주어는 피동문의 부사어(에게, 에, 에 의해서)로 되고, 목적어는 주어가 되며, 능동사는 피동사가 된다. '-에게'는 유정명사에, '-에'는 무

정명사에 사용되며 대체로 '-에 의해서'가 사용된다.

> (예) [능동문] 엄마가 아기를 안았다.
> [피동문] 아기가 엄마에게 안기었다(안겼다).
>
> [능동문] 경찰이 도둑을 잡았다.
> [피동문] 도둑이 경찰에게(에 의해서) 잡히었다(잡혔다).
>
> [능동문] 태풍이 마을을 휩쓸었다.
> [피동문] 마을이 태풍에(에 의해서) 휩쓸리었다(휩쓸렸다).

8.2.2. '-어(아/여)지다'를 붙여 만든 피동 표현(긴 피동)

긴 피동문인 통사적 피동문은 능동사에 '-어(아/여)지다'를 붙여서 만든다.

> 능동사 어간 +'-어(아/여)지다

> (예) 신발 끈이 잘 풀어져요.
> 범인이 누구인지 밝혀졌어요. (밝다: 형용사, 밝히다: 동사)
> 이 볼펜은 글씨가 잘 써져요.
> 바람에 가지가 꺾이어졌어요(꺾여졌어요).

참고 '피동 접미사'에 의한 피동과 '-어(아/여)지다'에 의한 피동의 차이

'피동 접미사'에 의한 피동이 자연히 이루어진 일을 뜻한다면, '-어(아/여)지다'에 의한 피동은 자연히 이루어진 일 외에도 힘든 과정, 즉 인위적인 행위가 가해진 뜻이 된다.

> (예) 코가 <u>막혔다</u>. (자연적)   코가 <u>막아졌다</u>. (인위적)
> 밭이 잘 <u>갈린다</u>.(자연적)   밭이 잘 <u>갈아진다</u>.(인위적)

또한, 피동 접미사에 의한 피동은 잠재적인 가능성을 뜻하기도 한다.

예 책이 잘 팔린다.

8.2.3. 단어 자체에 피동의 의미가 포함되어 있는 피동 표현

대응하는 피동사도 없고, '-어(아/여)지다'로도 피동 표현을 할 수 없는 '-하다'계 동사들은 '-되다' 또는 '-당하다', '-받다'로 바꾸어서 표현하기도 한다.

예 범인이 구속되었다/구속당했다.
　　선생님은 학생들에게 주목받았다/주목되었다.

9　사 동 표 현

어떤 동작주가 다른 사람에게 동작을 하도록 시키는 것을 사동이라 하고, 이를 나타내는 동사를 사동사라 한다. 그리고 동작주가 자신이 하는 동작을 나타내는 동사를 주동이라 하고, 이를 나타내는 동사를 주동사라 한다.

예 영수가 책을 읽었다(주동문). ⇒ 영수에게 책을 읽히셨다.(사동문)

9.1 사동 표현의 종류

동사의 어간에 '-이, -히, -리, -기, -우, -구, -추'와 같이 사동접미사가 연결된 문장을 짧은 사동문, 또는 어휘적 사동문, 파생적 사동문이라 한다. 그리고 '-게 하다'와 같이 보조적 연결어미 뒤에 보조동사 '하다'가 결합된 문장을 긴 사동문, 또는 통사적 사동문이라 한다.

9.1.1. 사동 접미사에 의한 사동표현(짧은 사동)

동사의 어간에 ' -이, -히, -리, -기, -우, -구, -추'와 같이 사동접미사를 연결시켜 만든다.

동사 어간 + 사동 접미사(-이, -히, -리, -기, -우, -구, -추)		
동사	**사동 접미사**	**사동사**
끓다		끓이다
녹다		녹이다
높다		높이다
먹다	-이-	먹이다
보다		보이다
속다		속이다
죽다		죽이다
넓다		넓히다
눕다		눕히다
밝다		밝히다
앉다		앉히다
업다		업히다
익다	-히-	익히다
입다		입히다
읽다		읽히다
잡다		잡히다
좁다		좁히다
날다		날리다
돌다		돌리다
물다	-리-	물리다
살다		살리다
알다		알리다

동사	사동 접미사	사동사
얼다 울다		얼리다 울리다
감다 남다 맡다 벗다 숨다 웃다	-기-	감기다 남기다 맡기다 벗기다 숨기다 웃기다
깨다 비다	-우-	깨우다 비우다
달다	-구-	달구다
낮다 늦다	-추-	낮추다 늦추다

① 자동사가 사동사로 바뀜(녹다→녹이다, 숨다→숨기다, 익다→익히다)
새로운 동작주(주어)가 만들어지고, 주동문의 주어가 목적어로 바뀐다.

예 얼음이 녹는다. ⇒ 아이들이 얼음을 녹인다.

② 타동사가 사동사로 바뀜(먹다→먹이다, 입다→입히다, 벗다→벗기다)
새로운 동작주가 만들어어지고, 주동문의 주어는 '에게'가 되어 부사어
로 바뀐다.

예 영미가 옷을 입었다. ⇒ 할머니가 영희에게 옷을 입히었다.

③ 형용사가 사동사로 바뀜(넓다→넓히다, 밝다→밝히다, 낮다→낮추다)
새로운 동작주가 만들어지고, 동작주의 주어가 목적어로 바뀐다.

예 길이 넓다. ⇒ 사람들이 길을 넓히다.

9.1.2. '-게 하다'를 붙여 만든 사동표현(긴 사동)

보조적 연결어미 '-게' 뒤에 보조동사 '하다'가 결합된 문장이다.

> 동사 어간 + 게 하다

① 새로운 동작주가 도입된다.

예 친구가 왔다. ⟹ 부모님이 친구를 오게 하였다.
　　책을 읽었다. ⟹ 형이 책을 읽게 하였다.

② 주동문의 주어는 목적어나 부사어(유정물)로도 가능하다

예 친구가 갔다. ⟹ 부모님이 친구에게 가게 하였다.
　　부모님이 친구를 가게 했다.
　　담이 높다. ⟹ 담을 높게 했다.
　　　　　　　　　*담에게 높게 했다.

(3) 사동문의 특수 의미 : 형식은 사동문 형식이지만 의미의 특수화를
　　　　　　　　　　　　갖는다.

예 소를 먹이다(사육하다).　　　　아이를 놀리다(희롱하다).

(4) 사동 접미사에 의한 사동문과 '-게 하다' 사동문의 의미 차이
　　접미사에 의한 사동문과 '-게 하다'의 연결에 의한 통사적 사동문 간에
는 그 쓰임에 차이가 있다.

예 ① 어머니가 동생에게 옷을 입히셨다.
　　② 어머니가 동생에게 옷을 입게 하셨다.

앞의 두 예문에서 알 수 있는 바와 같이 의미상의 차이가 있다. 접미사에 의한 ①의 사동문은 의미가 직접·간접적일 수 있으나, '-게 하다'에 의한 사동문 ②는 의미가 간접적이다.

> **참고** '읽히다'의 특수성
>
> 《예》 선생님이 영호에게 책을 <u>읽히셨다</u>.
>   선생님이 영호에게 책을 <u>읽게 하셨다</u>.
>
> 일반적으로 사동 접미사에 의한 사동문은 직접적인 의미를 포함하지만 '읽히다'만은 간접적 의미를 갖는다. 따라서 위의 예문은 모두 간접적인 의미이다.

10 인용 표현

인용은 화자가 남이나 자신의 말과 글 또는 생각이나 판단 내용을 옮겨와서 다른 사람에게 전달하는 것이다. 인용에는 직접 인용과 간접 인용이 있다. 직접 인용은 화자가 남의 말이나 글을 그대로 인용하여 쓰거나 말한 것이고, 간접 인용은 화자가 원래 말한 것을 전달자의 입장에 맞게 문장을 바꾸어 쓰거나 표현한 것이다.

10.1. 직접 인용

남의 말이나 글, 생각을 표현한 문장을 그대로 인용하는 것으로 인용된 부분은 큰따옴표(" ")를 붙이고, 큰따옴표 다음에 인용 조사 '-라고', '하고'

가 붙고 다음에 서술어가 온다.

> 예 철수: 아! 배고파.
>
> 상수: 철수가 "아! 배고파."라고 말했다.
>
> 병아리가 "삐악삐악" 하고 울었다.
> 엄마가 나에게 "밥 먹어" 하고 말했다.

참고 '라고'와 '하고'

직접 인용 뒤에는 '라고'와 '하고'를 쓴다. '라고'와 '하고'는 조금 다르다. '하고'가 붙는 인용절은 '라고'가 붙는 경우와는 달리 말한 사람의 억양이나 표정을 포함한 모든 것이 그대로 인용된다. 특히 의성어를 인용할 때는 '하고'만을 사용한다. '하고'는 동사 '하다'의 어간에 연결어미 '-고'가 붙은 것으로 '라고'가 붙여 쓰는 반면 '하고'는 띄어 써야 한다.

10.2. 간접 인용

남의 말이나 글, 말하는 사람의 생각이나 판단 등을 원래의 문장 그대로 옮기는 것이 아니라 말하는 사람의 입장에서 인칭, 시간, 장소, 존칭 관계 등을 바꾸어 인용한다. 따라서 큰따옴표는 사용하지 않는다. 다음은 문장의 종류에 따른 간접 인용의 형태이다.

문장의 종류			현재	과거	미래
평서문	동사	받침(○)	-는다고	-았/었/했다고	받침(○): -을 거라고 받침(X),ㄹ: -ㄹ 거라고
		받침(X),ㄹ	-ㄴ다고		
	형용사	받침(○)	-다고		
		받침(X),ㄹ			
	명사+ 이다	받침(○)	-이라고		
		받침(X)	-라고		
의문문	동사		-느냐고	-았/었/했느냐고	받침(○): -을 거냐고 받침(X),ㄹ: -ㄹ 거냐고
	형용사	받침(○)	-으냐고		
		받침(X),ㄹ	-냐고		
	명사+ 이다	받침(○)	-이냐고		
		받침(X)	-냐고		
명령문	동사	받침(○)	-으라고	-	-
		받침(X),ㄹ	-라고		
청유문	동사		-자고	-	-

(1) 평서문

① 철수: "학교에 가요."

→ 철수가 학교에 간다고 해요.

② 영수: "어제 인천에 갔어요."

→ 영수가 어제 인천에 갔다고 해요.

③ 미연: "내일 영화를 보러 갈 거예요."

→ 미연 씨가 내일 영화를 보러 갈 거라고 합니다.

④ 민수: "오늘 날씨가 좋다."

→ 민수 씨가 오늘 날씨가 좋다고 했어요.

⑤ 영희: "저는 학생입니다."

　　→ 영희가 자기는 학생이라고 해요.

(2) 의문문

① 철수: "비가 와요?"

　　→ 철수가 비가 오느냐고 해요.

② 영수: "아침을 먹었어요?"

　　→ 영수가 아침을 먹었느냐고 했어요.

③ 미연: "내일 영화를 보러 갈 거예요?"

　　→ 미연 씨가 내일 영화를 보러 갈 거냐고 합니다.

④ 민수 씨가 나에게 "무엇이 필요해요?"라고 물었다.

　　→ 민수 씨가 나에게 무엇이 필요하냐고 물었다.

⑤ 선생님께서 오늘 날씨가 좋으냐고 물었어요.

⑥ 영희: "당신은 학생입니까?."

　　→ 영희 씨가 내가 학생이냐고 물었어요.

참고 '-느냐고', '-(으)냐고' / '-냐고'

의문문의 간접 인용은 서술어가 동사일 때 '-느냐고', 형용사일 때 '-(으)냐고'로 나타난다. 그러나 한국어 모어 화자들은 동사, 형용사에 상관없이 '-냐고'를 사용하는 경향이 있다.

　　예 철수가 비가 <u>오냐고</u> 해요.

　　　영수가 아침을 <u>먹었냐고</u> 했어요.

　　　선생님께서 오늘 날씨가 <u>좋으냐고</u> 물었어요.

　　　선생님께서 오늘 날씨가 <u>좋냐고</u> 물었어요.

(3) 명령문

① 선생님: "숙제를 꼭 하세요."

> → 선생님께서 숙제를 꼭 하라고 했어요.

② 수업시간에 떠들지 마세요.

> → 수업시간에 떠들지 말라고 했어요.

③ 철수: "저 좀 도와주세요."

> → 철수 씨가 자기를 도와 달라고 해요.

④ 민수: "이 책을 경옥 씨에게 좀 주세요."

> → 민수 씨가 경옥 씨에게 이 책을 좀 주라고 합니다.

⑤ 의사: "물을 많이 마시고 푹 쉬세요."

> → 의사가 물을 많이 마시고 푹 쉬라고 했어요.

참고 '주다'

'주다'는 목적어를 받는 대상이 누구냐에 따라서 인용문에서 사용하는 동사가 달라진다. 목적어를 받는 대상이 1인칭이면 '달라고', 3인칭일 때는 '주라고'를 사용한다.

예 철수: "저 좀 도와주세요."

→ 철수 씨가 자기를 도와 달라고 해요. (원래 화자 = 받는 대상)

민수: "이 책을 미연 씨에게 좀 주세요."
→ 민수 씨가 미연 씨에게 이 책을 좀 주라고 합니다.
   (원래 화자 ≠ 받는 대상)

(4) 청유문

① 친구: "밥 먹으러 가자."

> → 친구가 밥 먹으로 가자고 해요.

② 영수: "주말에 놀이동산에 갈까요?"

　　　　→ 영수 씨가 주말에 놀이동산에 가자고 합니다.

③ 철수: "비가 오니까 차를 타고 갑시다."

　　　　→ 철수 씨가　비가 오니까 차를 타고 가자고 했어요.

제4장

표현

한국어문법의 이론과 실제

표현

1 진행

1.1. -고 있다

의미 어떤 동작이 진행되거나 진행이 완료된 후 그 상태가 지속됨을 나타낸다.

→ 형태

동사 + -고 있다		
먹다	먹+고 있다	먹고 있다
읽다	읽+고 있다	읽고 있다
가다	가+고 있다	가고 있다
보다	보+고 있다	보고 있다

→ 사용

(1) 어떤 동작이 진행되는 경우

예 가: 지금 뭐 해요?

나: 지금 밥을 <u>먹고 있어요.</u>

가: 어디에 가요?

나: 학교에 <u>가고 있어요.</u>

(2) 진행이 완료된 후 그 상태가 지속되는 경우

예 가: 그녀가 어떻게 하고 있습니까?

나: 그녀는 <u>문을 열고 있습니다.</u>

(3) 일부 동사 '**입다, 쓰다, 벗다, 신다, 열다, 타다**' 등은 1, 2의 경우를 모두 갖는다.

예 문을 열고 있다. (1의 경우: 문을 열고 있는 동작, 2의 경우: 문을 열어 놓고 있음)

그는 옷을 입고 있다. (1의 경우: 옷을 입는 동작, 2의 경우: 이미 옷을 입고 있음)

(4) '-고 있다'의 높임 표현으로 '-고 계시다'를 쓴다.

예 부모님은 대전에 <u>살고 계세요.</u>

내가 들어갔을 때 교수님께서는 <u>전화를</u> <u>받고 계셨다.</u>

1.2. -아/어/여 가다/오다

의미 어떤 동작이나 상태가 계속되거나 진행됨을 나타낸다.

➔ **형태**

동사/형용사 + -아/어/여 가다/오다				
동사 /형용사	ㅏ, ㅗ	-아 가다/오다	잡다 밝다	잡아 가다 밝아 오다
	ㅓ,ㅜ,ㅡ, ㅣ……	-어 가다/오다	먹다 사귀다	먹어 가다 사귀어 오다
	-하다	-여 가다/오다	생각하다	생각해 오다

동사나 형용사의 어간 끝 음절 모음이 'ㅏ, ㅗ'일 때 '-아 가다/오다'를 사용하고, 동사나 형용사의 어간 끝 음절 모음이 'ㅏ, ㅗ'가 아닐 때 '-어 가다/오다'를 사용한다.

'하다'로 끝날 때는 '-여 가다/오다'를 사용한다. 그러나 '하여 가다/오다'는 보통 '하여'의 줄어든 형태인 '해'를 많이 사용하여 '-해 가다/오다'를 사용한다.

> 예 잡다 ⟹ 잡 + 아 가다 ⟹ 잡아 가다
> 먹다 ⟹ 먹 + 어 가다 ⟹ 먹어 가다
> 공부하다 ⟹ 공부 + 하여(해) 가다 ⟹ 공부해 가다

➔ **사용**

(1) 어떤 동작이나 상태가 계속되거나 진행됨을 나타낸다.

> 예 가: 시간 다 됐어요? 서둘러요.
> 나: 다 <u>먹어 가니까</u> 잠깐만 기다려요.
> 가: 철수와 영희는 언제부터 <u>사귀어 왔어요?</u>
> 나: 응, 그들은 고등학교 때부터 <u>사귀어 왔어.</u>

2 정도

2.1. -도록

의미 뒤에 나오는 행위에 대한 정도나 목적 또는 시간의 한계를 나타낸다.

→ **형태**

동사/형용사 + -도록		
되다	되+도록	되도록
있다	있+도록	있도록
아프다	아프+도록	아프도록
넘다	넘+도록	넘도록

→ **사용**

(1) 뒤에 나오는 행위의 정도를 나타낸다.

> 예 가: 왜 이렇게 눈이 충혈 됐어요?
> 나: 어제 눈이 <u>아프도록</u> 책을 봐서 그래.

(2) 뒤에 나오는 행위에 대한 목적을 나타낸다.

> 예 가: 여러분, 아이들이 잘 수 <u>있도록</u> 조용히 해 주세요.
> 나: 네, 알겠어요.

(3) 뒤에 나오는 행위에 대한 시간의 한계를 나타낸다.

> 예 가: 철수 씨, 무슨 걱정이 있어요?
> 나: 실은 영희 씨에게서 1주일이 <u>넘도록</u> 연락이 없어요.

2.2. -(으)ㄴ/는 편이다

의미 대체로 어느 쪽에 가깝다거나 속하는 것을 나타낸다.

→ 형태

구분		과거	현재
동사	받침(○)	-은 편이다	-는 편이다
	받침(X),ㄹ	-ㄴ 편이다	
형용사	받침(○)	-	-은 편이다
	받침(X),ㄹ		-ㄴ 편이다

(1) 현재와 과거 시제에만 쓰이고 미래 시제에는 쓰이지 않는다.

(2) '있다, 없다'는 '-는 편이다'와 결합한다.

> 예 그는 돈이 있는 편이다. (○)
> 그는 돈이 있은 편이다. (X)

→ 사용

(1) 일이나 사물의 어떤 경우를 나누어 생각할 때에 어느 한 쪽을 나타낸다.

> 예 가: 시험 잘 봤니?
> 나: 아니요, 시험을 못 본 편이에요.
>
> 가: 어제 만난 남자는 어땠어요?
> 나: 괜찮았어요. 성격도 좋은 것 같고 키도 큰 편이에요.

2.3. -다시피 하다

의미 실제로 그 동작을 하는 것은 아니지만 그 동작에 가까운 정도를 나타 낸다.

➔ 형태

동사 + -다시피 하다		
살다 굶다 나다	살+다시피 하다 굶+다시피 하다 나+다시피 하다	살다시피 하다 굶다시피 하다 나다시피 하다

➔ 사용

(1) 실제로 그 동작을 하는 것은 아니지만 그 동작에 가까운 정도를 나 타낸다.

> 예 가: 요즘 건강이 안 좋아 보여요.
> 나: 네, 일이 너무 힘들어서 매일 코피가 <u>나다시피 해요</u>.
>
> 가: 안녕하세요? 요즘 영수는 어떻게 지내요?
> 나: 요즘 그 애는 매일 도서관에서 <u>살다시피 해요</u>.

2.4. -(으)ㄴ/는 셈이다

의미 따져 보면 결국 비슷하거나 마찬가지임을 나타내고, 앞으로 어떻게 할 생각임을 나타낸다.

➔ **형태**

구분		과거	현재	미래
동사	받침(○)	-은 셈이다	-는 셈이다	-을 셈이다
	받침(X),ㄹ	-ㄴ 셈이다		-ㄹ 셈이다
형용사	받침(○)	-	-은 셈이다	-
	받침(X),ㄹ		-ㄴ 셈이다	

(1) '있다, 없다'는 '-는 셈이다'와 결합한다.

➔ **사용**

(1) '-(으)ㄴ/는 셈이다'의 경우, 따져 보면 결국 비슷하거나 마찬가지라는 의미를 나타낸다.

> 예 가: 도대체 이게 모두 얼마야?
> 나: 이 정도면 둘이서 6인분을 먹은 셈이네.
>
> 가: 철수 씨, 요즘 운동해요?
> 나: 네, 매일 30분 거리의 학교를 걸어 다니니까 운동을 하는 셈이에요.

(2) '-(으)ㄹ 셈이다'의 경우, 앞으로 어떻게 할 생각임을 나타낸다.

> 예 가: 왜 한국어를 배워요?
> 나: 한국에 살 셈으로 한국어를 열심히 배우고 있어요.
>
> 가: 졸업 후에 뭐 할 거예요?
> 나: 나는 유학을 갈 셈이에요.

2.5. -(으)ㄴ/는 만큼, -N만큼

의미 앞의 내용에 비례하거나 비슷한 정도 또는 수량임을 나타내고, 뒤 내용의 이유나 근거임을 나타낸다.

→ 형태

구분		과거	현재	미래
동사	받침(○)	-은 만큼	-는 만큼	-을 만큼
	받침(X),ㄹ	-ㄴ 만큼		-ㄹ 만큼
형용사	받침(○)	-	-은 만큼	-
	받침(X),ㄹ		-ㄴ 만큼	
명사	받침(○)	-만큼		
	받침(X),ㄹ			

→ 사용

(1) 앞의 내용에 비례하거나 비슷한 정도 또는 수량임을 나타낸다.

> **예** 가: 성적이 오르지 않아 걱정이에요.
>
> 나: 너무 조급하게 생각하지 마세요.
>
> 열심히 공부하는 만큼 성적이 좋아질 거예요.
>
> 가: 그녀는 정말 예쁜 것 같아.
>
> 나: 맞아. 또 그녀는 예쁜 만큼 성격도 좋아.
>
> 가: 벌써 형만큼 키가 크네.
>
> 나: 네, 그래서 정말 좋아요.

(2) 뒤 내용의 이유나 근거임을 나타낸다. 이때에는 '-(느/으)니만큼'으

로 바꾸어 사용할 수 있다.

> 예 가: 여보, 이번에 어디로 여행 갈까요?
>
> 나: 이번에는 돈이 <u>없는</u> 만큼 여행을 가지 맙시다.
>
> (=이번에는 돈이 <u>없으니만큼</u> 여행을 가지 맙시다.)

(3) 앞의 내용이 과거일 경우 동사에 '-(으)ㄴ 만큼'을 쓰거나 동사·형용
사에 '-았던 만큼'을 사용한다.

> 예 가: 내가 낼게. 모두 얼마예요?
>
> 나: 아니야. 오늘은 우리 각자 <u>먹은</u> 만큼 돈을 내자.
>
> 가: 그녀가 잘 돼서 정말 좋아요.
>
> 나: 그래요. <u>슬펐던</u> 만큼 그녀에게 행복이 찾아와서 다행이에요.

2.6. -(으)ㄹ 만하다/N만 하다/N만 못하다

의미 어떤 상황이나 일이 일어나기에 가능하거나 충분한 정도를 나타내고,
어떤 행동을 할 정도로 가치가 있음을 나타낸다.

→ 형태

동사 + -(으)ㄹ 만하다/N만 하다/N만 못하다				
동사	받침(○)	-을 만하다	읽다	읽을 만하다
	받침(X),ㄹ	-ㄹ 만하다	보다 만들다	볼 만하다 만들 만하다
명사		-만 하다 -만 못하다	돼지	돼지만 하다 돼지만 못하다

→ 사용

(1) 어떤 상황이나 일이 일어나기에 가능하거나 충분한 정도를 나타내고, 어떤 행동을 할 정도로 가치가 있음을 나타낸다.

> 예 가: 선생님, 좋은 책 좀 추천해 주세요.
>
> 나: 이 책이 읽을 <u>만하니까</u> 읽어 보세요.

(2) 명사와 결합하여 그 명사와 같은 정도를 나타내고 주로 과장해서 말할 때 사용한다.

> 예 가: 어제 집들이 잘 했어요? 집은 어때요?
>
> 나: 네. 좋아요. 그런데 집이 <u>손바닥만 해요.</u>
>
> 가: 보세요. 이번에 태어난 강아지예요.
>
> 나: 어머, 강아지 맞아요? <u>돼지만 하네요.</u>

(3) '-만 못하다'는 정도에 미치지 못함을 나타낸다.

> 예 가: 와, 이 치마 정말 예쁘다!
>
> 나: 예쁘지만 영희 <u>것만 못해.</u>

2.7. -(으)면 -(으)ㄹ수록

| 의미 | 어떤 상황이나 정도가 점점 더 심해짐을 나타낸다. |

→ 형태

동사1/형용사1 + -(으)면 동사2/형용사2 + -(으)ㄹ수록				
동사/형용사	받침(○)	-으면 -을수록	많다 먹다	많으면 많을수록 먹으면 먹을수록
	받침(X)	-면 -ㄹ수록	보다 싸다	보면 볼수록 싸면 쌀수록

(1) 동사1(형용사1)과 동사2(형용사2)는 동일한 동사(형용사)를 사용한다.

→ **사용**

(1) 동일한 동사(형용사)를 두 번 반복함으로써 상황이나 정도가 점점 더 심해짐을 나타낸다.

> 예 가: 맛이 어떻습니까?
>
> 나: 이 비빔밥은 <u>먹으면 먹을수록</u> 더 맛있어요.
>
> 가: 아기가 <u>보면 볼수록</u> 예뻐요.
> 나: 그렇지요? 저도 그렇게 생각했어요.

(2) '-(으)ㄹ수록'만을 사용하기도 한다.

> 예 이 비빔밥은 <u>먹을수록</u> 더 맛있어요.
> 아기가 <u>볼수록</u> 예뻐요.

2.8. -(으)ㄹ 지경이다

의미 어떤 처지나 형편에 있음을 나타낸다.

→ **형태**

동사 + -(으)ㄹ 지경이다				
동사	받침(○)	-을 지경이다	죽다	죽을 지경이다
	받침(X),ㄹ	-ㄹ 지경이다	빠지다	빠질 지경이다

→ **사용**

(1) 어떤 처지나 형편에 있음을 나타낸다.

예 가: 영수 씨, 요즘 바쁜 것 같아요.

나: 네. 일이 너무 많아서 <u>죽을 지경이에요</u>.

가: 너무 피로해서 눈이 <u>빠질 지경이에요</u>.

나: 그럼, 좀 쉬세요.

2.9. -(으)ㄹ 정도이다

의미 '그러할 만큼'의 의미로 그와 같은 정도나 한도를 나타낸다.

→ 형태

동사/형용사 + -(으)ㄹ 정도이다				
동사 /형용사	받침(○)	-을 정도이다	죽다	죽을 정도이다
	받침(X),ㄹ	-ㄹ 정도이다	나다	날 정도이다

→ 사용

(1) '그러할 만큼'의 의미로 그 정도를 나타낸다.

예 가: 정말 날씨가 덥네요.

나: 네, 가만히 있어도 땀이 <u>날 정도예요</u>.

가: 지금 배가 너무 고파서 <u>죽을 정도예요</u>.

나: 그럼, 식사하러 갑시다.

(2) '-(으)ㄹ 정도로'의 형태로 사용할 수 있다.

예 배가 너무 고파서 <u>죽을 정도였어요</u>.
<u>죽을 정도로</u> 배가 너무 고팠어요.

(3) '-(으)ㄹ 지경이다'와 '-(으)ㄹ 정도이다'는 '동사'의 경우 바꿔 쓸 수 있다.

2.10. 하도 -아/어/여서

의미 원인, 이유를 나타내는 ' -아/어/여서'의 앞에 '하도'가 붙어 정도가 매우 심함을 나타내는데, '하도'는 '아주 심하게, 너무나, 많이'의 의미를 갖는다.

→ **형태**

하도 동사/형용사 + -아/어/여서				
동사/ 형용사	ㅏ, ㅗ	하도 -아서	보다 좋다	하도 봐서 하도 좋아서
	ㅓ,ㅜ,ㅡ, ㅣ ……	하도 -어서	먹다 기쁘다	하도 먹어서 하도 기뻐서
	-하다	하도 -여서(해서)	공부하다 착하다	하도 공부하여(해서) 하도 착하여(착해서)

→ **사용**

(1) 원인, 이유를 나타내는 '-아/어/여서'의 앞에 '하도'가 붙어 정도가 매우 심함을 나타낸다.

예 가: 영화 재미있었어요?

나: 아니요, 영화가 <u>하도 지루해서</u> 졸았어요.

가: 어제 공연은 어땠어요?

나: 사람들이 <u>하도 많아서</u> 앉을 자리가 없었어요.

(2) '-아/어/여서'의 후행절에는 '-ㅂ시다, -ㅂ시오, -ㄹ까요?'의 명령이나
    청유는 쓰지 못한다.

> 예 우리 **하도 심심해서** 영화관에 <u>갈까요?</u> (X)
>
> 교실이 **하도 추워서** 문을 <u>닫읍시다.</u> (X)
>
> 밖이 **하도 시끄러워서** 안으로 <u>들어가십시오.</u>(X)

3 추측

3.1. -(으)ㄴ/는/(으)ㄹ 것 같다

의미 여러 상황을 근거로 현재의 상황이나 앞으로 일어날 일의 추측을 나타
낸다.

→ **형태**

구분		과거	현재	미래
동사	받침(○)	-은 것 같다	-는 것 같다	-을 것 같다
	받침(X),ㄹ	-ㄴ 것 같다		-ㄹ 것 같다
형용사	받침(○)	-	-은 것 같다	-을 것 같다
	받침(X),ㄹ		-ㄴ 것 같다	-ㄹ 것 같다

(1) '있다, 없다'는 '-는 것 같다'와 결합한다.

→ **사용**

(1) 여러 상황을 근거로 현재의 상황이나 일어날 일의 추측을 나타낸다.

예 가: 철수 씨는 어디에 갔어요?

나: 벌써 <u>퇴근한 것 같아요.</u>

가: 전화를 안 받아요?

나: 네, 집에 아무도 <u>없는 것 같아요.</u>

가: 영수 씨가 요즘 모임에 왜 안 나오지요?

나: 영수 씨는 요즘 <u>바쁜 것 같습니다.</u>

가: 오후에 비가 <u>올 것 같으니까</u> 우산을 가지고 나가렴.

나: 네, 엄마. 다녀오겠습니다.

3.2. -(으)ㄴ/는/(으)ㄹ 모양이다

의미 여러 상황을 근거로 간접적으로 현재의 상황이나 앞으로 일어날 일의 추측을 나타낸다.

→ 형태

구분		과거	현재	미래
동사	받침(○)	-은 모양이다	-는 모양이다	-을 모양이다
	받침(X),ㄹ	-ㄴ 모양이다		-ㄹ 모양이다
형용사	받침(○)	-	-은 모양이다	
	받침(X),ㄹ		-ㄴ 모양이다	

(1) '있다, 없다'는 '-는 모양이다'와 결합한다.

→ 사용

(1) 여러 상황을 근거로 간접적으로 현재의 상황이나 일어날 일의 추측

을 나타낸다.

> 예
> 가: 이 식당에는 손님이 많네요.
> 나: 네, 음식이 <u>맛있는 모양이에요.</u>
>
> 가: 아이들이 조용하네요.
> 나: 오늘 <u>피곤한 모양이에요.</u>
>
> 가: 왜 이렇게 바람이 심하게 불지요?
> 나: 그렇죠? 아마도 비가 <u>올 모양이에요.</u>

(2) 1인칭 주어는 사용할 수 없다.

> 예 나는 예쁜 모양이다. (X)
> 우리는 가는 모양이다. (X)

3.3. -(으)ㄴ/는/(으)ㄹ 듯하다

의미 앞말의 내용을 짐작하거나 추측함을 나타낸다.

➔ 형태

구분		과거	현재	미래
동사	받침(○)	-은 듯하다	-는 듯하다	-을 듯하다
	받침(X),ㄹ	-ㄴ 듯하다		-ㄹ 듯하다
형용사	받침(○)	-	-은 듯하다	-을 듯하다
	받침(X),ㄹ		-ㄴ 듯하다	-ㄹ 듯하다

(1) '있다, 없다'는 '-는 듯하다'와 결합한다.

➔ 사용

(1) 앞말의 내용을 짐작하거나 추측함을 나타낸다.

> 예 가: 철수에게 말했어요?
>
> 나: 철수가 <u>아픈 듯해서</u> 아무 말도 못했어요.
>
> 가: 어느 식당이 맛있을까요?
>
> 나: 저 식당에 사람이 많네요. 저기가 <u>좋을 듯해요</u>.

(2) 자기의 생각이나 느낌을 부드럽게 표현할 때도 사용된다.

> 예 요즘 철수가 무척 바쁜 <u>듯해요</u>.
>
> 사무실에 아무도 <u>없는 듯합니다</u>.

3.4. -(으)ㄴ가 보다

의미 간접적인 경험이나 근거로 그런 것 같다고 추측함을 나타낸다.

➔ 형태

구분		과거	현재
동사, 있다, 없다	받침(○)	-았/었/였는가 보다	-는가 보다
	받침(X),ㄹ		
형용사	받침(○)		-은가 보다
	받침(X),ㄹ		-ㄴ가 보다

➔ 사용

(1) 간접적인 경험이나 단서로 그런 것 같다고 추측함을 나타낸다.

예 가: 철수가 안 보이네요?

나: 수업이 끝나자마자 집에 <u>갔는가 봐요</u>.

가: 교실에서 음악 소리가 들려요.

나: 누가 <u>있나 봐요</u>.

가: 사람들 얘기를 들으니까 그녀는 어렸을 때 <u>예뻤는가 봐요</u>.

나: 글쎄요, 상상이 안 되는데요.

(2) 1인칭 주어는 사용할 수 없다.

예 나는 예쁜가 봐요. (X)

우리는 가는가 봐요. (X)

4 순서

4.1. -다가

의미 시간에 따라 상황이 바뀌거나 앞의 행위나 상황이 중단되고 다른 행위나 상황으로 전환됨을 나타낸다.

→ **형태**

동사/형용사 + -다가		
읽다	읽 + 다가	읽다가
가다	가 + 다가	가다가

➔ **사용**

(1) 시간에 따라 상황이 바뀜을 나타낸다.

> 예 가: 집이 정말 좋네요.
> 나: 이 집은 부모님이 <u>사시다가</u> 제게 물려 주셨어요.
>
> 가: 지금은 날씨가 어때요?
> 나: 바람이 <u>불다가</u> 비가 내리고 있어요.

(2) 앞의 행위나 상황이 중단되고 다른 행위나 상황으로 전환됨을 나타낸다.

> 예 가: 어제 시험공부 많이 했어요?
> 나: 아니요, 시험공부 <u>하다가</u> 그냥 자 버렸어요.
>
> 가: 왜 이렇게 늦었어요?
> 나: <u>오다가</u> 서점 앞에서 친구를 만나서 늦었어요.

(3) '-다가'는 '-다'로 줄여 쓸 수 있다.

> 예 바람이 <u>불다</u> 비가 내리고 있어요.
> 달을 <u>보다</u> 문득 당신 생각이 나서 전화했어요.

(4) '-다가'를 반복적으로 써서 두 가지 사실이 번갈아 일어나는 상황을 나타내기도 한다.

> 예 어제 너무 더워서 잠을 <u>자다가 깨다가</u> 했어.
> 책이 너무 재미있어서 <u>울다가 웃다가</u> 했지 뭐야.

(5) 문장의 주어가 일치해야 한다.

> 예 <u>나는</u> 길을 가다가 넘어져서 다쳤다.(○)
> <u>나는</u> 길을 <u>가다가</u> 제인 씨는 넘어져서 다쳤다.(✕)

4.2. -자마자

의미 앞의 동작이 끝나고 곧 이어 뒤의 동작이 일어남을 나타낸다.

→ 형태

동사 + -자마자		
가다	가 + 자마자	가자마자
먹다	먹 + 자마자	먹자마자
읽다	읽 + 자마자	읽자마자

→ 사용

(1) 앞의 동작이 끝나고 곧 바로 뒤의 동작이 일어남을 나타낸다.

> **예** 편지를 읽자마자 찢어 버렸다.
> 약을 먹자마자 어지러웠다.

(2) '-자마자'는 '-자'로 바꿔 쓸 수 있지만, '-자' 뒤에는 명령문이나 청유
문은 올 수 없다.

> **예** 편지를 읽자 찢어 버렸다.
> 약을 먹자 어지러웠다.
>
> 편지를 읽자마자 찢어 버리세요. (○)
> 편지를 읽자 찢어 버리세요. (X)
>
> 수업이 끝나자마자 영화관에 가자. (○)
> 수업이 끝나자 영화관에 가자. (X)

4.3. -고 나서

의미 어떤 동작을 끝내고 다음 동작으로 이어짐을 나타낸다.

→ 형태

동사 + -고 나서		
가다	가 + 고 나서	가고 자서
읽다	읽 + 고 나서	읽고 나서
만들다	만들 + 고 나서	만들고 나서

→ 사용

(1) 어떤 동작을 끝내고 다음 동작으로 이어짐을 나타낸다.

예 가: 오늘은 뭐 했어요?
나: 청소를 <u>하고 나서</u> 외출했어요.

가: 이 책을 <u>읽고 나서</u> 나가 놀아라.
나: 네.

(2) '-고 나서'는 '-고'로 대체할 수 있다.

예 가: 영희 씨, <u>졸업하고 나서</u> 뭐 할 거예요?
나: <u>졸업하고</u> 유학을 갈 생각이에요.

(3) '-자마자'는 앞의 동작이 끝나고 연결 동작이 즉시 일어나지만, '-고 나서'는 앞의 동작이 끝난 다음 연결 동작의 시간적 제약이 있다.

5	목적

5.1. -(으)ㄹ 겸 (해서)

의미 앞뒤의 동작이 함께 이루어짐을 나타낸다.

→ 형태

동사 + -(으)ㄹ 겸 (해서)			
동사	받침(○)	-을 겸 (해서)	읽다	읽을 겸 (해서)
	받침(X),ㄹ	-ㄹ 겸 (해서)	가다 만들다	갈 겸 (해서) 만들 겸 (해서)

→ 사용

(1) 앞뒤의 동작이 함께 이루어짐을 나타내고, '-(으)ㄹ 겸'과 '-(으)ㄹ 겸 해서'의 형태로 쓰인다.

> **예** 가: 수요일에 뭐 했어요?
> 나: 책도 빌리고 잡지도 <u>읽을 겸</u> 도서관에 갔어요.
>
> 가: 어디 가세요?
> 나: 네, 시장도 가고 은행도 <u>갈 겸</u> 나왔어요.
>
> 가: 맛있는 냄새가 나네요. 뭐예요?
> 나: 친구도 <u>초대할 겸 해서</u> 떡볶이를 만들었어요.

5.2. -(으)러 가다/오다/다니다

의미 동사와 결합하여 이동하는 목적을 나타낸다.

→ 형태

동사 + -(으)러 가다/오다/다니다				
동사	받침(○)	-으러 가다/오다/다니다	먹다	먹으러 가다
	받침(X),ㄹ	-러 가다/오다/다니다	수영하다 만들다	수영하러 가다 만들러 가다

→ 사용

(1) 동사와 결합하여 이동하는 목적을 나타낸다.

> **예** 가: 어디에 가니?
> 나: 수영하러 수영장에 가.
>
> 가: 우리 집에 밥 먹으러 오세요.
> 나: 무슨 날이에요?
>
> 가: 요즘 뭐 하세요?
> 나: 요즘 작은 책상을 만들러 다녀요.

5.3. -기 위해서/, N을/를 위해서

의미 어떤 일을 이루기 위한 목적이나 어떤 것을 이롭게 하거나 도우려는 목적을 나타낸다.

→ **형태**

동사 + -기 위해서, N + 을/를 위해서				
동사	받침(○)	-기 위해서	읽다	읽기 위해서
	받침(X)			
명사	받침(○)	-을 위해서	건강	건강을 위해서
	받침(X)	-를 위해서	나라	나라를 위해서

→ **사용**

(1) 어떤 일을 이루기 위한 목적이나 어떤 것을 이롭게 하거나 도우려는
목적을 나타낸다.

> 예 책을 <u>읽기 위해서</u> 서재로 갔다.
>
> 살을 <u>빼기 위해</u> 매일 운동을 한다.
>
> 많은 군인들이 <u>나라를 위해서</u> 목숨을 바쳤다.

5.4. -(으)려고

의미 어떤 일을 하려는 의도나 목적을 나타낸다.

→ **형태**

동사 + -(으)려고				
동사	받침(○)	-으려고	앉다	앉으려고
	받침(X),ㄹ	-려고	하다	하려고

→ **사용**

(1) 어떤 일을 하려는 의도나 목적을 나타낸다.

예 가: 그는 그 자리에 <u>앉으려고</u> 열심히 노력했어요.

나: 맞아요. 우리도 열심히 노력하자고요.

가: 왜 한국어를 배워요?

나: 한국에 <u>가려고</u> 한국어를 배워요.

(2) 청유형과 명령형에서는 쓰지 않는다.

예 공부하려고 갈까요? (X)

공부하려고 가자. (X)

공부하려고 가라. (X)

6 당위

6.1. -기 마련이다

의미 그런 상황이 되는 것이 당연함을 나타낸다.

→ **형태**

동사/형용사 + -기 마련이다		
찌다	찌+기 마련이다	찌기 마련이다
죽다	죽+기 마련이다	죽기 마련이다

→ **사용**

(1) 그런 상황이 되는 것이 당연함을 나타낸다.

예 가: 요즘 살이 좀 찐 것 같지요?

나: 평소에 많이 먹으면 살이 <u>찌기 마련이지요</u>.

가: 사람은 누구나 <u>죽기 마련이다</u>.

(2) '-게 마련이다'로 대체할 수 있다.

예 평소에 많이 먹으면 살이 <u>찌게 마련이지요</u>.
사람은 누구나 <u>죽게 마련이다</u>.

6.2. -기 십상이다

의미 그렇게 되기 쉽거나 그럴 가능성이 많은 의미를 나타낸다.

→ 형태

동사 + -기 십상이다		
나빠지다 넘어지다	나빠지+기 십상이다 넘어지+기 십상이다	나빠지기 십상이다 넘어지기 십상이다

→ 사용

(1) 그렇게 되기 쉽거나 그럴 가능성이 많은 의미를 나타낸다.

예 TV를 가까이에서 보다가는 눈이 <u>나빠지기 십상이다</u>.
뾰족한 구두를 신고 뛰다가는 <u>넘어지기 십상이다</u>.

(2) '-기 쉽다'와 대체할 수 있다.

예 TV를 가까이에서 보다가는 눈이 <u>나빠지기 쉽다</u>.
뾰족한 구두를 신고 뛰다가는 <u>넘어지기 쉽다</u>.

6.3. -기 쉽다

의미 어떤 일을 하기 쉽거나 그럴 가능성이 많은 의미를 나타낸다.

➔ 형태

동사 + -기 쉽다		
배우다 떨어지다	배우+기 쉽다 떨어지+기 쉽다	배우기 쉽다 떨어지기 쉽다

➔ 사용

(1) 어떤 일을 하기 쉬움을 나타낸다.

> 예 가: 한국어 공부가 어때요?
>
> 나: 재미있어서 배우기 쉬워요.

(2) 그럴 가능성이 많음을 나타낸다.

> 예 가: 담배 좀 끊으세요. 계속 피우다가는 건강을 해치기 쉬워요.
>
> 나: 네, 내일부터 담배를 끊고 운동할 거예요.

(3) '-기 십상이다'와 대체할 수 있다.

> 예 공부를 안 하다가는 시험에 떨어지기 십상이에요.
>
> 일을 안 하다가는 굶기 십상이다.

6.4. -기 좋다/편하다

의미 어떤 일을 하기에 힘이 들지 않고 쉽다는 의미를 나타낸다.

→ **형태**

동사 + -기 좋다/편하다		
먹다 수영하다	먹+기 좋다/편하다 수영하+기 좋다/편하다	먹기 좋다/편하다 수영하기 좋다/편하다

→ **사용**

(1) 어떤 일을 하기에 힘이 들지 않고 쉽다는 의미를 나타낸다.

> 예 가: 김치가 너무 맵지 않아요?
> 나: 아니에요. <u>먹기</u> 딱 <u>좋아요</u>.
>
> 가: 마을에 수영장이 새로 생긴 것 같아요.
> 나: 네, 제가 가 봤는데 시설이 좋아서 <u>수영하기 편해요</u>.

6.5. -(으)면 -는 법이다

의미 앞의 내용을 가정하는 것으로 뒤의 내용이 당연함을 나타낸다.

→ **형태**

동사/형용사 + -(으)면		동사/형용사 + -(으)ㄴ/는 법이다		
동사	받침(○)	-(으)면 -는 법이다	먹다 가다	먹는 법이다 가는 법이다
	받침(X),ㄹ			
형용사	받침(○)	-(으)면 -은 법이다	많다	많은 법이다
	받침(X),ㄹ	-(으)면 -ㄴ 법이다	기쁘다 멀다	기쁜 법이다 먼 법이다

→ **사용**

(1) 앞의 내용을 가정하는 것으로 뒤의 내용이 당연함을 나타낸다.

> 예 가: 남들보다 노력하지 <u>않으면</u> <u>뒤처지는 법이다</u>.
>
> 나: 네, 아버지. 열심히 하겠습니다.
>
> 가: 몸이 <u>아프면</u> 부모님이 보고 <u>싶은 법이에요</u>.
>
> 나: 맞아요.

6.6. -아/어/여야 하다/되다

> 의미 어떤 일을 하거나 어떤 상태에 이르기 위해 꼭 필요한 조건이나 상황
> 을 나타낸다.

→ **형태**

보통 '-하여야'는 '-해야'로 줄여서 쓰기도 한다.

동사/형용사 + -아/어/여 하다/되다				
동사 /형용사	ㅏ, ㅗ	-아 하다/되다	가다 오다	가야 하다/되다 와야 하다/되다
	ㅓ,ㅜ,ㅡ, ㅣ······	-어 하다/되다	먹다 읽다	먹어야 하다/되다 읽어야 하다/되다
	-하다	-여 하다/되다	공부하다 운동하다	공부해야 하다/되다 운동해야 하다/되다

보통 '-하여야'는 '-해야'로 줄여서 쓰기도 한다.

→ **사용**

(1) 어떤 일을 하거나 어떤 상태에 이르기 위해 꼭 필요한 조건이나 상

황을 나타낸다.

예 가: 대학에 합격하기 위해서는 열심히 공부해야 한다.
　　나: 네, 알겠습니다.

　　가: 철수야, 환경을 보호하기 위해 분리수거를 해야 돼.
　　나: 네. 이건 어디에 버려야 돼요?

　　가: 이번 휴가는 베트남으로 갈 거예요.
　　나: 해외여행을 가려면 여권이 있어야 해요. 준비하셨어요?

7 │ 한정

7.1. -(으)ㄹ 뿐이다

의미 앞의 상황 이외에 다른 가능성은 없음을 나타낸다.

→ **형태**

동사/형용사 + -(으)ㄹ 뿐이다			
동사/ 형용사	받침(○)	-을 뿐이다	작다 먹다	작을 뿐이다 먹을 뿐이다
	받침(X),ㄹ	-ㄹ 뿐이다	가다 슬프다 살다	갈 뿐이다 슬플 뿐이다 살 뿐이다

→ **사용**

(1) 앞의 상황 이외에 다른 가능성은 없음을 나타낸다.

예 가: 여기에 있던 초콜릿은 손님용인데 누가 먹었어요?

나: 제가 먹었어요. 먹어도 된다고 해서 <u>먹었을 뿐이에요</u>.

가: 그 사람에 대해 잘 알아요?

나: 아니에요. 단지 안면만 <u>있을 뿐이에요</u>.

7.2. -(으)ㄹ 수밖에 없다

| 의미 | 다른 방법이나 가능성이 없음을 나타낸다.

→ 형태

동사/형용사 + -(으)ㄹ 수밖에 없다				
동사/ 형용사	받침(○)	-을 수밖에 없다	울다 믿다	울 수밖에 없다 믿을 수밖에 없다
	받침(X),ㄹ	-ㄹ 수밖에 없다	가다 기쁘다	갈 수밖에 없다 기쁠 수밖에 없다

→ 사용

1. 다른 방법이나 가능성이 없음을 나타낸다.

예 가: 철수 씨, 지금 휴가 기간이 아니에요?

나: 네 맞아요. 그런데 일이 생겨서 회사에 <u>나갈 수밖에 없어요</u>.

가: 아직 손님들도 안 왔는데 이렇게 먹어 버리면 어떡해요?

나: 미안해요. 배가 너무 고파서 <u>먹을 수밖에 없었어요</u>.

7.3. -(으)ㄹ래야 -(으)ㄹ 수가 없다

> **의미** 어떤 의도를 가지고 행위를 하려고 해도 그렇게 할 수 없음을 나타낸다.

→ 형태

동사 + -(으)ㄹ래야 -(으)ㄹ 수가 없다				
동사	받침(○)	-을래야 -을 수가 없다	울다 믿다	울래야 울 수가 없다 믿을래야 믿을 수가 없다
	받침(X),ㄹ	-ㄹ래야 -ㄹ 수가 없다	가다 보다	갈래야 갈 수가 없다 볼래야 볼 수가 없다

→ 사용

(1) 어떤 의도를 가지고 행위를 하려고 해도 그렇게 할 수 없음을 나타낸다.

> **예** 가: 왜 친구와 그렇게 서먹해요?
> 나: 내가 한 짓이 너무 부끄러워서 친구를 볼래야 볼 수가 없어서 그래요.
>
> 가: 길이 너무 막혀서 빨리 갈래야 갈 수가 없어.
> 나: 알았어요. 기다리고 있을게요.

7.4. -기만 하면 되다

> **의미** 단지 어떤 행동이나 상태가 충족되는 것에 국한됨을 나타낸다.

➡ **형태**

동사/형용사 + -기만 하면 되다		
읽다	읽+기만 하면 되다	읽기만 하면 되다
가다	가+기만 하면 되다	가기만 하면 되다
예쁘다	예쁘+기만 하면 되다	예쁘기만 하면 되다

➡ **사용**

(1) 단지 어떤 행동이나 상태가 충족되는 것에 국한됨을 나타낸다.

> 예 가: 리포트 다 썼어요?
>
> 나: 네. 이제 제출하기만 하면 돼요.
>
> 가: 어떤 여자 친구를 사귀고 싶어요?
>
> 나: 제 여자 친구는 예쁘기만 하면 돼요.

7.5. -에서(부터) -까지

의미 어떤 장소나 시간의 출발점이나 도착점을 나타낸다.

➡ **형태**

N에서(부터) N까지		
장소	N에서 N까지	집에서 학교까지
시간	N부터 N까지	2시부터 3시까지

➡ **형태**

(1) '-에서 -까지'의 형태로, 어떤 장소의 출발점과 도착점을 나타낸다.

> 예 가: 집에서 학교까지 얼마나 걸려요?

나: 집에서 학교까지 버스로 10분 정도 걸려요.

(2) '-부터 -까지'의 형태로, 출발시(時)와 도착시(時)를 나타낸다.

예 가: 몇 시부터 몇 시까지 한국어 수업이 있어요?

나: 2시부터 4시까지 수업이 있어요.

(3) 요즘은 '-에서'와 '-부터'를 구분하지 않고 쓰는 경향이 있다.

예 집부터 학교까지 걸어서 20분 걸려요.

10시에서 12까지 회의가 있어요.

8 더함

8.1. -조차

의미 기대하지 못한 상황까지 포함하여 그 이상의 것이 더해짐을 나타낸다.

→ **형태**

명사 + -조차			
명사	조차	너	너조차
		가족	가족조차

→ **사용**

(1) 기대하지 못한 상황까지 포함하여 그 이상의 것이 더해짐을 나타낸다.

예 가: 왜 그렇게 시무룩해요?

나: 가족<u>조차</u> 나를 믿지 못하니 답답해요.

가: 그 사람 얼굴<u>조차</u> 기억이 나지 않아요.

나: 다시 한번 잘 생각해 보세요.

8.2. -(으)ㄹ 뿐만 아니라

의미 앞의 상황만이 아니라 그것에 더하여 뒤의 상황도 있음을 나타낸다.

→ 형태

동사/형용사 + -(으)ㄹ 뿐만 아니라				
동사/ 형용사	받침(○)	-을 뿐만 아니라	작다 먹다	작을 뿐만 아니라 먹을 뿐말 아니라
	받침(X),ㄹ	-ㄹ 뿐만 아니라	슬프다 살다	슬플 뿐만 아니라 살 뿐만 아니라

→ 사용

(1) 앞의 상황만이 아니라 그것에 더하여 뒤의 상황도 있음을 나타낸다.

예 가: 영희는 예쁠 <u>뿐만 아니라</u> 착한 것 같아요.

나: 맞아요. 나도 그렇게 생각해요.

가: 이 책 읽었어요? 어때요?

나: 네, 이 책은 내용이 재미있을 <u>뿐만 아니라</u> 유익해요.

8.3. -와/과, 하고, -(이)랑

의미 여러 사물이나 사람을 열거하거나 함께하는 대상임을 나타낸다.

➜ **형태**

명사 +와/과, 하고, (이)랑					
명사	받침(○)	과, 이랑	하고	연필, 지우개	연필과 지우개 연필이랑 지우개	연필하고 지우개 지우개하고 연필
	받침(X),ㄹ	와, 랑		지우개, 연필	지우개와 연필 지우개랑 연필	

➜ **사용**

(1) 여러 사물이나 사람을 열거하거나 함께하는 대상임을 나타낸다.

> 예 가: 책상 위에 무엇이 있습니까?
>
> 나: 책상 위에 <u>책과</u> 공책이 있습니다.
>
> 가: 어제 어디에 갔어요?
>
> 나: 저는 <u>언니하고</u> 도서관에 갔습니다.

(2) '-(이)랑'은 주로 회화체에서 많이 사용한다.

> 예 가: 오후에 뭐 할 거예요?
>
> 나: <u>동생이랑</u> 같이 놀러 갈 거예요.
>
> 가: 내일 거기에 너랑 나랑 같이 등산하자.
>
> 나: 응, 좋아.

9 상태

9.1. -아/어/여 놓다/두다

의미 동작이 끝난 후 그 상태가 유지됨을 나타낸다.

→ 형태

동사 + -아/어 놓다/두다				
동사	ㅏ, ㅗ	-아 두다/놓다	보다	봐 놓다/두다
	ㅓ,ㅜ,ㅡ, ㅣ ……	-어 두다/놓다	켜다	켜 놓다/두다
	-하다	-여 두다/놓다	청소하다	청소하여(해) 놓다/두다

→ 사용

(1) 동작이 끝난 후 그 상태가 유지됨을 나타낸다.

> 예 가: 문을 닫지 마세요. 그대로 <u>열어 놓으세요</u>.
> 나: 네, 알았어요.
>
> 가: 글쎄, 전등을 <u>켜 놓고</u> 외출했지 뭐니.
> 나: 나도 요즘 그래.

9.2. -아/어/여 있다

의미 동작이 완료된 후 상태가 지속됨을 나타낸다.

➔ **형태**

동사 + -아/어/여 있다				
동사	ㅏ, ㅗ	-아 있다	앉다	앉아 있다
	ㅓ,ㅜ,ㅡ, ㅣ……	-어 있다	쓰이다	쓰여 있다
	-하다	-여 있다	청소하다	청소하여(해) 있다

➔ **사용**

(1) 동작이 완료된 후 상태가 지속됨을 나타낸다.

> 예 가: 그는 저렇게 한 시간째 <u>앉아 있다</u>.
> 나: 정말 대단해.
>
> 가: 다음 주 일정이 어떻게 되지요?
> 나: 게시판에 일정이 <u>쓰여 있어요</u>.

9.3. -답다/-스럽다

의미 일부 명사에 붙어 느낌이나 성격도 명사와 같거나 그 명사가 갖는 뜻 그대로는 아니지만 보기에 그럴 만하거나 그런 성질(느낌)이 있음을 나타낸다.

➔ **형태**

명사 + -답다, -스럽다		
명사	-답다, -스럽다	학생
		여성

학생답다
여성스럽다

→ 사용

(1) 일부 명사에 붙어 느낌이나 성격도 명사와 같다.

> 예 그 고등학생은 <u>학생답다</u>. (그 고등학생 = 학생)
>
> 그 남자는 정말 <u>남자답다</u>. (그 남자 = 남자)

(2) 일부 명사에 붙어 그 명사가 갖는 뜻 그대로는 아니지만 보기에 그럴 만하거나 그런 성질(느낌)이 있음을 나타낸다.

> 예 그 남자는 성격이 <u>여성스럽다</u>. (그 남자 ≠ 여자)
>
> 그 아이는 <u>어른스럽다</u>. (그 아이 ≠ 어른)

10 조건 · 가정

10.1. –(으)려면

의미 어떤 일을 할 의도가 있음을 전제하거나 앞으로 일어날 일을 가정함을 나타낸다.

→ 형태

동사/형용사 + –(으)려면				
동사/ 형용사	받침(○)	-으려면	맑다 먹다	맑으려면 먹으려면
	받침(X),ㄹ	-려면	가다 살다	가려면 살려면

➔ 사용

(1) 어떤 일을 할 의도의 전제함을 나타낸다.

> 예 가: 당신을 <u>만나려면</u> 언제 가야 돼요?
> 나: 아무 때나 오세요.
>
> 가: 유학을 <u>가려면</u> 열심히 공부해라.
> 나: 네. 알겠습니다.

(2) 앞으로 일어날 일의 가정함을 나타낸다.

> 예 수업이 <u>끝나려면</u> 30분이 더 남았다.
> 하는 행동을 보니까 그가 철이 <u>들려면</u> 아직 멀었다.

10.2. -(으)면

> **의미** 조건이나 가정을 나타내고, 뒤 내용에 대한 근거가 됨을 나타낸다.

➔ 형태

동사/형용사 + -(으)면				
동사/ 형용사	받침(○)	-으면	먹다 좋다	먹으면 좋으면
	받침(X),ㄹ	-면	가다 기쁘다 살다	가면 기쁘면 살면

➔ 사용

(1) 조건이나 가정을 나타낸다.

> **예** 가: 미영 씨, 오늘 시간 <u>있으면</u> 같이 밥 먹어요.
> 나: 미안해요. 오늘은 조금 바쁘니까 다음에 먹지요.
>
> 가: 내일 <u>비가 오면</u> 야외 활동은 취소합시다.
> 나: 네, 그렇게 전달하겠습니다.

(2) 뒤 내용에 대한 근거가 된다.

> **예** 웃는 걸 <u>보면</u> 화가 풀린 것 같다.
> 생각해 <u>보면</u> 그도 착한 사람이다.

10.3. -다면/ㄴ/는다면

의미 어떤 사실이나 상황의 조건을 나타낸다.

→ 형태

동사/형용사 + -다면/ㄴ/는다면				
동사	받침(○)	-는다면	먹다	먹는다면
	받침(X),ㄹ	-ㄴ다면	보다 만들다	본다면 만든다면
형용사	받침(○)	-다면	많다	많다면
	받침(X),ㄹ		기쁘다 멀다	기쁘다면 멀다면

→ 사용

(1) 어떤 사실이나 상황의 조건을 나타낸다.

> **예** 가: 내일 모임에 나는 가지 않을 거야.
> 나: 네가 가지 <u>않는다면</u> 나도 가지 않겠다.

가: 보너스를 받으면 뭐 할 거예요?

나: 이번에 보너스를 <u>받는다면</u> 여행을 갈 거예요.

10.4. -는 셈 치고

의미 선행절의 내용을 전제하여 '그렇다고 생각하고' 후행절의 동작이 일어
남을 나타낸다.

→ 형태

동사 + -는 셈 치고				
동사	받침(○)	-는 셈 치고	먹다	먹는 셈 치고
	받침(X),ㄹ		가다 만들다	가는 셈 치고 만드는 셈 치고

→ 사용

(1) 선행절의 내용을 전제하여 '그렇다고 생각하고' 후행절의 동작이 일
어남을 나타낸다.

예 가: 왜 그런지 뻔히 아는데 그가 자꾸만 돈을 빌려 달라고 하네요.
나: 이번 한 번만 <u>속는 셈치고</u> 그냥 빌려 주세요.

가: 일요일이지만 학교에 <u>가는 셈 치고</u> 저 좀 도와주세요.
나: 좋아요.

2. 문장 끝에 '-는 셈 치다'로 쓰인다.

예 이번 한 번만 <u>속는 셈 칩시다.</u>
학교에 <u>가는 셈 치지요.</u>

10.5. -거든

의미 뒤 내용에 대한 조건이나 가정을 나타낸다.

→ 형태

동사/형용사 + -거든				
동사/ 형용사	받침(○)	-거든	먹다 싫다	먹거든 싫거든
	받침(X),ㄹ		가다 슬프다	가거든 슬프거든

→ 사용

(1) 뒤 내용에 대한 조건을 나타낸다.

　　예　가: 배가 <u>고프거든</u> 이거 먹어라.
　　　　나: 고맙습니다.

(2) 명령, 청유, 의지 등과 결합하여 가정을 나타낸다.

　　예　머리가 <u>아프거든</u> 병원에 <u>가세요</u>.
　　　　6시가 <u>되거든</u> 저녁을 먹으러 갑시다.
　　　　주말이 <u>되거든</u> 바로 <u>찾아뵙겠습니다</u>.

10.6. (아무리) -아/어/여도

의미 앞선 동작이나 상태와 상관없이 뒤의 동작이나 상태가 일어남을 나타
낸다.

→ **형태**

(아무리) 동사/형용사 + -아/어/여도				
동사/ 형용사	ㅏ, ㅗ	아무리 -아도	가다	아무리 가도
	ㅓ,ㅜ,ㅡ, ㅣ……	아무리 -어도	적다	아무리 적어도
	-하다	아무리 -하여도(해도)	공부하다	아무리 공부하여도(해도)

→ **사용**

(1) 앞선 동작이나 상태와 상관없이 뒤의 동작이나 상태가 일어남을 나타낸다.

> 예 가: <u>바빠도</u> 부모님께 자주 연락해야 해요.
>   나: 그럼요, 저는 일주일에 세 번은 연락해요.

(2) '아무리'를 첨가하여 그 뜻을 더 강조한다.

> 예 <u>아무리 바빠도</u> 부모님께 자주 연락해야 해요.
>   <u>아무리 먹어도</u> 배가 고프다.

10.7. -(으)ㄹ지라도

의미 앞의 내용을 인정하더라도 뒤의 내용이 다른 결과나 반대의 상황임을 나타낸다.

➡ 형태

동사/형용사 + -(으)ㄹ지라도			
동사/형용사	받침(○)	-을지라도	읽다 좋다	읽을지라도 좋을지라도
	받침(X),ㄹ	-ㄹ지라도	오다 예쁘다 만들다	올지라도 예쁠지라도 만들지라도

➡ 사용

(1) 앞의 내용을 인정하더라도 뒤의 내용이 다른 결과나 반대의 상황임을 나타낸다.

> 예 그의 여자 친구는 얼굴은 예쁠지라도 성격이 안 좋다.
>
> 그녀는 비록 나이가 어릴지라도 하는 행동이 어른스럽다.

2. 앞의 내용을 인정하더라도 그것에 구애받지 않음을 나타낸다.

> 예 그가 유학을 갈지라도 슬퍼하지 마세요.
>
> 내일 비가 많이 올지라도 꼭 학교에 가야 한다.

11 이유 · 원인

11.1. -아/어/여서

의미 후행절의 이유나 원인이 되거나 시간적 순서를 나타낸다.

➜ 형태

동사/형용사 + -아/어서				
동사/ 형용사	ㅏ, ㅗ	-아서	가다 좋다	가서 좋아서
	ㅓ,ㅜ,ㅡ, ㅣ......	-어서	먹다 적다	먹어서 적어서
	-하다	-하여서(해서)	공부하다	공부하여서(해서)

➜ 사용

(1) 선행절이 후행절의 이유나 원인이 된다.

> 예 머리가 아파서 병원에 간다.
> 눈이 와서 길이 미끄럽다.

(2) 이유나 원인을 나타낼 때 후행절에 명령, 청유는 쓸 수 없다.

> 예 머리가 아파서 병원에 **갑시다**. (X)
> 배가 고파서 식당에 **갈까요**? (X)
> 눈이 와서 학교에 가지 **마세요**. (X)

(3) 동사와 결합하여 시간적 순서를 나타낸다. 이 경우 명령, 청유를 쓸
수 있다.

> 예 어제 병원에 가서 진찰을 받았어요.
> 식당에 가서 밥을 먹을까요?
> 친구에게 선물을 사서 주세요.

11.2. –(으)니까

의미 후행절의 이유 및 근거를 뜻하거나 앞의 행위를 한 결과 뒤의 사실이
그러함을 나타낸다.

→ **형태**

동사/형용사 + –(으)니까				
동사/ 형용사	받침(○)	-으니까	읽다 좋다	읽으니까 좋으니까
	받침(X),ㄹ	-니까	오다 예쁘다 만들다	오니까 예쁘니까 만드니까

→ **사용**

(1) 후행절의 이유나 근거를 나타낸다.

> **예** 가: 배가 고프니까 밥 먹으로 갑시다.
> 나; 네, 좋아요.
>
> 가: 영희야, 우리 영화 보러 갈까?
> 나: 안 돼. 내일 시험이니까 오늘 공부해야 해.

(2) 동사와 결합하여 앞의 행위를 한 결과 뒤의 사실이 그러함을 나타
낸다.

> **예** 그의 노래를 들어 보니까 정말 잘 하더라.
> 이야기를 하다 보니까 초등학교 동창이더라.

(2) 이유나 원인, 근거를 나타낼 때 '-아/어/여서'와 '-(으)니까'는 서로 바

꿔 쓸 수 있으나, '-아/어/여서'의 후행절에는 명령, 청유를 사용할
수 없다.

11.3. -고 해서

의미 어떤 행동을 하는 몇 가지 이유 중 하나임을 나타낸다.

➔ 형태

동사/형용사 + -고 해서				
동사/ 형용사	받침(○)	-고 해서	읽다 좋다	읽고 해서 좋고 해서
	받침(X),ㄹ		보다 착하다	보고 해서 착하고 해서

➔ 사용

(1) 어떤 행동을 하는 몇 가지 이유 중 하나임을 나타낸다.

> **예** 가: 어머, 멋있는 카메라네요.
> 나: 이 제품 성능이 <u>좋고 해서</u> 하나 샀어요.
>
> 가: 가족끼리 어디 가세요?
> 나: 오늘 <u>휴일이고 해서</u> 아이들과 놀이공원에 가는 길이에요.

11.4. -아/어/여서 그런지

의미 확실하게 단정 지을 수는 없지만 앞의 행위가 뒤의 행위의 이유나 원
인이 됨을 나타낸다.

➡ **형태**

동사/형용사 + -아/어/여서 그런지				
동사 형용사	ㅏ, ㅗ	-아서 그런지	많다	많아서 그런지
	ㅓ,ㅜ,ㅡ, ㅣ ……	-어서 그런지	읽다	읽어서 그런지
	-하다	-여서 그런지	운동하다	운동하여서(해서) 그런지

➡ **사용**

(1) 확실하게 단정 지을 수는 없지만 앞의 행위가 뒤의 행위의 이유나 원인이 됨을 나타낸다.

> 예 가: 비가 <u>와서 그런지</u> 춥네요.
> 나: 그러게 말이에요.
>
> 가: 그는 돈이 <u>많아서 그런지</u> 낭비가 심해요.
> 나: 아마도 그런 것 같아요.

11.5. -에 따라서/-에 의해서

의미 어떤 상황이나 사실 따위에 의거하여 뒤의 내용이 제한됨을 나타낸다.

➡ **형태**

명사 + -에 따라서/-에 의해서			
명사	-에 따라서	사람 지역	사람에 따라서/의해서 지역에 따라서/의해서

➔ 사용

(1) 어떤 상황이나 사실 따위에 의거하여 뒤의 내용이 제한됨을 나타 낸다.

> 예 가: 김치 맛이 다른 곳과 다르네요.
>
> 나: 네. 지역<u>에 따라서(의해서)</u> 김치 담그는 방법이 달라요.
>
> 가: 날씨<u>에 따라(의해)</u> 기분도 변하는 것 같아요.
>
> 나: 맞아요. 날씨가 우중충하니까 기분도 우울해요.

11.6. –(으)ㄴ덕분에/–(으)ㄴ/는 탓에

> 의미 앞 동작의 이유나 원인으로 뒤의 결과가 나타난다.

➔ 형태

구분		과거	현재
동사	받침(○)	-은 덕분에/-은 탓에	-는 덕분에/-는 탓에
	받침(X),ㄹ	-ㄴ 덕분에/-ㄴ 탓에	
형용사, 명사+이다	받침(○)	-	-은 탓에
	받침(X),ㄹ		-ㄴ 탓에

➔ 사용

(1) 앞 동작의 이유나 원인으로 뒤에 긍정적인 결과가 나타난다.

> 예 선생님께서 <u>도와주신 덕분에</u> 일이 잘 풀렸습니다.
>
> 철수가 돈을 빌려 <u>준 덕분에</u> 창피를 면했다.

(2) 앞 동작의 이유나 원인으로 뒤에 부정적인 결과가 나타난다.

예 너무 많이 먹은 탓에 배가 아프다.

높은 구두를 신은 탓에 빨리 뛸 수가 없어요.

11.7. -(으)므로

의미 뒤 문장의 원인이나 근거가 됨을 나타낸다.

→ 형태

동사/형용사 + (으)므로				
동사 형용사	받침(○)	-으므로	먹다 좋다	먹으므로 좋으므로
	받침(X),ㄹ	-므로	가다 예쁘다	가므로 예쁘므로

→ 사용

(1) 뒤 문장의 원인이나 근거가 됨을 나타낸다.

예 날씨가 추우므로 감기에 조심하셔야 합니다.

학교 대항 경기에서 우수한 성적을 거두었으므로 이 상장을 드립니다.

(2) 명령문이나 청유문에서는 쓸 수 없다.

예 비가 오므로 우산을 **씁시다**. (X)

영화가 재미없으므로 집에 **갈까요**? (X)

(3) 주로 문어체로 많이 쓰이고, 연설이나 발표를 할 때 많이 사용한다.

11.8. -기 때문에/N때문에

의미 원인이나 이유를 나타낸다.

➔ 형태

동사/형용사/명사+이다 + -기 때문에				
동사 형용사	받침(○)	-기 때문에	먹다 가다 예쁘다 학생이다	먹기 때문에 가기 때문에 예쁘기 때문에 학생이기 때문에
	받침(X)			
명사	때문에		너	너때문에

➔ 사용

(1) 이유나 원인을 나타낸다.

> **예** 가: 이 시간에 왜 집에 있어요?
>
> 나: 오늘은 <u>휴강이기 때문에</u> 학교에 가지 않았어요.
>
> 가: 비가 <u>오기 때문에</u> 밖에서 놀지 못해요.
>
> 나: 정말 심심해요.

(2) 명령문이나 청유문에서는 쓸 수 없다.

> **예** 비가 <u>오기 때문에</u> 우산을 **씁시다**. (X)
>
> 영화가 <u>재미없기 때문에</u> 집에 **갈까요**? (X)

11.9. -는 통에

의미 앞의 이유나 원인으로 뒤에 부정적인 결과가 나타난다.

→ 형태

구분		과거	현재
동사	받침(○)	-은 통에	-는 통에
	받침(X),ㄹ	-ㄴ 통에	

→ 사용

(1) 앞의 이유나 원인으로 뒤에 부정적인 결과가 나타난다.

> **예** 가: 조용히 좀 하세요. <u>떠드는 통에</u> 선생님 말씀을 듣지 못했어요.
> 나: 미안합니다.
>
> 가: 왜 지각했어요?
> 나: 늦잠을 <u>잔 통에</u> 지각을 했습니다.

11.10. -에서 비롯되다

의미 어떤 사실이 어디에서 처음으로 시작됨을 나타낸다.

→ 형태

명사 + -에서 비롯되다			
명사	-에서 비롯되다	오해 몸	오해에서 비롯되다 몸에서 비롯되다

➜ 사용

(1) 어떤 사실이 어디에서 처음으로 시작됨을 나타낸다.

> 예 건강한 정신은 건강한 <u>몸에서 비롯된다</u>.
>
> 그 싸움은 사소한 <u>오해에서 비롯되었다</u>.

11.11. -에 따르면/-에 의하면

> 의미 앞의 상황이나 사실 따위에 근거함을 나타낸다.

➜ 형태

명사 + -에 따르면/의하면			
명사	-에 따르면/의하면	말씀 신문	말씀에 따르면 신문에 따르면

➜ 사용

(1) 앞의 상황이나 사실 따위에 근거함을 나타낸다.

> 예 가: 언제 시험이 있지요?
>
> 나: 선생님 <u>말씀에 따르면(의하면)</u> 한 달 후에 시험이 있을 거래요.
>
> 가: 어느 팀이 이겼어요?
>
> 나: <u>신문에 따르면(의하면)</u> 인천 팀이 이겼대요.

11.12. -는 바람에

> 의미 앞 문장이 뒤 문장의 이유나 원인이 됨을 나타낸다.

➔ 형태

동사 + -는 바람에			
동사	-는 바람에	자다 가다	자는 바람에 가는 바람에

➔ 사용

(1) 앞 문장이 뒤 문장의 이유나 원인이 됨을 나타낸다.

> 예 가: 왜 지각했어요?
>
> 나: 늦잠을 <u>자는 바람에</u> 학교에 늦었어요.
>
> 가: 어디 아파요?
>
> 나: 눈길에서 <u>미끄러지는 바람에</u> 다리를 다쳤어요.

(2) 앞 문장의 이유나 원인으로 뒤 문장에 부정적인 결과를 가져올 때 주로 사용한다.

(3) '-는 바람에/-는 통에/-는 탓에/-는 덕분에' 비교

	긍정적인 결과	부정적인 결과
이유, 원인	-는 덕분에	-는 바람에 -는 통에 -는 탓에

12 │ 기회

12.1. -(으)ㄹ 뻔하다

의미 앞의 상황과 거의 같은 상태가 되려다가 다행히 그렇게 되지 않음을 나타낸다.

→ 형태

동사 + -(으)ㄹ 뻔하다			
동사	받침(○)	-을 뻔하다	먹다 죽다	먹을 뻔하다 죽을 뻔하다
	받침(X),ㄹ	-ㄹ 뻔하다	넘어지다 울다	넘어질 뻔하다 울 뻔하다

→ 사용

(1) 앞의 상황과 거의 같은 상태가 되려다가 다행히 그렇게 되지 않음을 나타낸다.

예 가: 좀 전에 계단에서 넘어질 뻔했어.
　　나: 괜찮아?

　　가: 표정이 안 좋네요.
　　나: 좀 전까지 머리가 아파서 죽을 뻔했어요.

　　가: 영화가 너무 슬프지 않아요?
　　나: 네, 너무 슬퍼서 울 뻔했어요.

13 반복

13.1. -기가 일쑤이다

의미 어떤 행위를 하는 것이 흔하거나 으레 그러함을 나타낸다.

→ **형태**

동사 + -기가 일쑤이다				
동사	받침(○)	-기가 일쑤이다	굶다 먹다	굶기가 일쑤이다 먹기가 일쑤이다
	받침(X),ㄹ			

→ **사용**

(1) 어떤 행위를 하는 것이 흔하거나 으레 그러함을 나타낸다.

> **예** 가: 내가 어릴 때는 돈이 없어서 <u>굶기가 일쑤였어요</u>.
> 나: 그 시대에는 모두가 그랬지요.
>
> 가: 조심하세요. 여전히 연필을 깎다가 칼날에 손을 <u>베이기 일쑤군요</u>.
> 나: 조심하는데 잘 안 되네요.

13.2. -곤 하다

의미 같은 동작이 되풀이됨을 나타낸다.

→ **형태**

동사 + -곤 하다			
동사	-곤 하다	가다 생각나다	가곤 하다 생각나곤 하다

→ **사용**

(1) 같은 동작이 되풀이됨을 나타낸다.

> 예 가: 주말에 주로 뭐 해요?
>
> 나: 예전에는 놀이공원에 <u>가곤 했는데</u> 요즘은 주로 집에서 쉬어요.
>
> 가: 밖에 비가 오네요.
>
> 나: 저는 비가 오면 부침개와 막걸리가 <u>생각나곤 해요</u>.

14 　사실 확인

14.1. -(이)지요

> 의미 　이미 알고 있는 사실을 확인함을 나타낸다.

→ **형태**

동사/형용사/명사 + -(이)지요?			
동사/ 형용사	받침(○)	-지요?	먹다 예쁘다 만들다	먹지요? 예쁘지요? 만들지요?
	받침(X),ㄹ			
명사	받침(○)	-이지요?	학생	학생이지요?
	받침(X)	-지요?	전화	전화지요?

→ 사용

(1) 이미 알고 있는 사실을 확인함을 나타낸다.

> 예 가: 여보세요, 거기 김 선생님 댁이지요?
>
> 나: 네, 누구세요?
>
> 가: 저 분이 박 교수님 맞지요?
>
> 나: 네, 맞아요.

15 대조

15.1. -(으)ㄴ/는데

의미 앞뒤의 내용이 서로 반대의 결과나 대조됨을 나타낸다.

→ 형태

동사/형용사 + -(으)ㄴ/는데				
동사	받침(○)	-는데	먹다 보다 만들다	먹는데 보는데 만드는데
	받침(X),ㄹ			
형용사	받침(○)	-은데	많다	많은데
	받침(X),ㄹ	-ㄴ데	기쁘다 멀다	기쁜데 먼데

→ 사용

(1) 앞뒤의 내용이 서로 반대의 결과나 대조됨을 나타낸다.

예 가: 열심히 <u>연습했는데</u> 이번에도 우리 팀이 졌어.
　　나: 기운 내세요.

　　가: 동생도 민수 씨와　키가 비슷해요?
　　나: 아니에요. 저는 키가 <u>작은데</u> 동생은 키가 커요.

(2) 후행절에 대한 이유나 근거를 나타낸다.

예 가: 배가 <u>고픈데</u> 밥이나 먹자.
　　나: 그래 좋아.

　　가: 너무 <u>늦었는데</u> 택시를 타고 갑시다.
　　나: 네, 그러지요.

15.2. −지만

의미 앞뒤 문장의 의미가 대조되는 내용임을 나타낸다.

➔ 형태

동사 + −지만			
동사/ 형용사	-지만	가다 크다	가지만 크지만

➔ 사용

(1) 앞뒤 문장의 의미가 대조되는 내용임을 나타낸다.

예 가: 한국어 배우기 어때요?
　　나: 좀 <u>어렵지만</u> 재미있어요.

　　가: 영희 씨, 동생하고 닮았어요?

나: 아니요. 동생은 <u>예쁘지만</u> 저는 안 예뻐요.

가: 철수 씨는 정말 젊게 사는 것 같아요.

나: 그래요? 제가 비록 나이는 <u>많지만</u> 마음은 늘 청춘이에요.

15.3. -(으)ㄴ/는 반면에

의미 앞에서 말한 사실과 뒤의 사실이 상관없음을 나타낸다.

→ 형태

구분		과거	현재
동사	받침(○)	-은 반면에	-는 반면에
	받침(X),ㄹ	-ㄴ 반면에	
형용사	받침(○)	-	-은 반면에
	받침(X),ㄹ		-ㄴ 반면에

→ 사용

(1) 앞에서 말한 사실과 뒤의 사실이 상관없음을 나타낸다.

예 가: 그녀를 만나 보려고 하는데 어때요?

나: 그녀는 <u>예쁜 반면에</u> 성격이 좀 까다로운 편이에요.

가: 그의 한국어 실력은 어떻습니까?

나: 그는 영어는 <u>잘하는 반면에</u> 한국어는 못 해요.

16 계획·의도

16.1. -(으)ㄹ까 하다

의미 어떤 행동을 하려고 하는 생각이나 마음이 있음을 나타낸다.

→ 형태

동사 + -(으)ㄹ까 하다			
동사	받침(○)	-을까 하다	먹다	먹을까 하다
	받침(X),ㄹ	-ㄹ까 하다	쉬다 살다	쉴까 하다 살까 하다

→ 사용

(1) 어떤 행동을 하려고 하는 생각이나 마음이 있음을 나타낸다.

> **예** 가: 머리가 너무 아파서 오늘은 집에서 <u>쉴까 해요</u>.
> 나: 그럼, 그렇게 하세요.
>
> 가: 점심에 칼국수를 <u>먹을까 하는데</u> 같이 먹을까요?
> 나: 좋아요. 같이 먹어요.

16.2 -(으)려고 하다

의미 어떤 행위를 할 의도가 있음을 나타낸다.

➔ 형태

동사 + -(으)려고 하다				
동사	받침(○)	-으려고 하다	읽다	읽으려고 하다
	받침(X),ㄹ	-려고 하다	보다 만들다	보려고 하다 만들려고 하다

➔ 사용

(1) 어떤 행위를 할 의도가 있음을 나타낸다.

> 예 가: 저녁에 뭐 할 거예요?
>
> 나: 저녁에 친구를 <u>만나려고 해요</u>.
>
> 가: 오후에 뭐 할 거예요?
>
> 나: 머리가 너무 길어서 <u>자르려고 해요</u>.

16.3. -기로 하다

의미 어떤 행동을 할 것을 계획하거나 결정함을 나타낸다.

➔ 형태

동사 + -기로 하다			
동사	-기로 하다	가다 보다	가기로 하다 보기로 하다

➔ 사용

(1) 어떤 행동을 할 것을 계획하거나 결정함을 나타낸다.

> 예 가: 올해 계획이 뭐예요?

나: 올해 가족들과 해외여행을 <u>가기로 했어요.</u>

가: 주말에 영희와 영화를 <u>보기로 했어.</u> 같이 갈래?
나: 그래. 같이 가자.

17 바람·희망

17.1. -고 싶다 / -고 싶어하다

의미 말하는 이의 바람이나 희망을 나타낼 때 사용한다. 주어가 3인칭인 경우는 '-고 싶어하다'를 사용한다.

➔ 형태

동사 + -고 싶다 / -고 싶어 하다		
가다	가+고 싶다	가고 싶다
보다	보+고 싶다	보고 싶다
먹다	먹+고 싶다	먹고 싶다
읽다	읽+고 싶다	읽고 싶다
울다	울+고 싶다	울고 싶다

➔ 사용

(1) 말하는 이의 바람이나 희망을 나타낸다.

예 가: 이번 휴가에 무엇을 <u>하고 싶어요?</u>
나: 저는 부산으로 여행을 <u>가고 싶어요.</u>

가: 점심에 무엇을 먹을까요?

나: 김치찌개를 <u>먹고 싶어요</u>.

(2) 주어가 3인칭인 경우 '-고 싶어하다'를 사용한다.

예 가: 철수 씨, 팅팅 씨는 생일에 어떤 선물을 <u>받고 싶어해요</u>?
　　　나: 팅팅 씨는 예쁜 모자를 <u>받고 싶어해요</u>.

　　　가: 부모님께서 어디로 여행을 <u>가고 싶어하세요</u>?
　　　나: 부모님께서는 제주도로 <u>가고 싶어하세요</u>.

17.2. -기(를) 바라다/원하다/희망하다

의미 말하는 이의 바람이나 원함을 나타낼 때 사용한다.

➔ 형태

동사/형용사 + -기를 바라다/원하다/희망하다		
가다	가+기를 바라다	가기를 바라다
보다	보+기를 바라다	보기를 바라다
읽다	읽+기를 바라다	읽기를 바라다
기쁘다	기쁘+기를 바라다	기쁘기를 바라다
좋다	좋+기를 바라다	좋기를 바라다

➔ 사용

(1) 말하는 이의 바람이나 원함을 나타낸다.

예 가: 지난주에 취직 시험을 봤어요.
　　　나: 꼭 <u>합격하기를 바라요</u>.

　　　가: 어디로 여행을 가고 싶어요?
　　　나: 프랑스로 <u>가기를 원해요</u>. 에펠탑에서 사진 찍고 싶어요.

(2) 격식체인 경우 '-기를 바랍니다'를 사용한다.

> 예 올해는 꼭 <u>승진하시기를 바랍니다</u>.
> 공공장소에서는 차례를 지켜 <u>주시기 바랍니다</u>.

18 변화 · 예정

18.1. -게 되다

> 의미 다른 사람이나 상황에 의하여 변하게 될 예정을 나타낼 때 사용한다.

→ 형태

동사/형용사 + -게 되다		
가다	가+게 되다	가게 되다
살다	살+게 되다	살게 되다
웃다	웃+게 되다	웃게 되다

→ 사용

(1) 다른 사람이나 상황에 의하여 변하게 될 예정을 나타낸다.

> 예 가: 어디 가세요?
> 나: 네, 친구가 비행기표를 선물로 줘서 여행을 <u>가게 되었어요</u>.
>
> 가: 어떻게 미국에 <u>살게 되었어요</u>?
> 나: 아이들 공부 때문에 <u>살게 되었어요</u>.
>
> 가: 이사하시나 봐요.
> 나: 네, 집이 작아서 <u>이사하게 되었어요</u>.

19　후회

19.1. –(으)ㄹ걸 그랬다

의미　말하는 이가 과거에 하지 못한 일에 대한 후회, 아쉬움을 나타낸다. '-(으)ㄹ걸'로 표현하기도 한다.

→ **형태**

동사/형용사 + –(으)ㄹ걸 그랬다.				
동사/형용사	받침(○)	-을걸 그랬다	먹다	먹을걸 그랬다
	받침(X), ㄹ	-ㄹ걸 그랬다.	가다 만들다	갈걸 그랬다 만들걸 그랬다

→ **사용**

(1) 말하는 이가 과거에 하지 못한 일에 대한 후회, 아쉬움을 나타낸다.

　　예　가: 영화가 어땠어요?

　　　　나: 표가 매진되어서 못 봤어요. 조금 일찍 가서 <u>볼걸 그랬어요</u>.

(2) '-(으)ㄹ걸'로 줄여 표현하기도 한다.

　　예　가: 지금 야식을 시켜요.

　　　　나: 이렇게 시킬 줄 알았다면 저녁을 안 <u>먹을걸</u>.

(3) 부정형의 표현은 '-지 말걸 그랬다, -지 않을걸 그랬다'가 있다.

　　예　가: 많이 늦었네요.

　　　　나: 길이 너무 막혔어요. 버스를 <u>타지 말걸 그랬어요</u>.

　　　　가: 바쁠 때는 버스를 탈게 아니라 지하철을 타야 해요.

19.2. -(으)ㄹ 텐데

의미 말하는 이가 어떤 상황에 대해 추측이나 아쉬움을 나타내며, 뒤에는 그와 연관되거나 반대의 상황을 제시할 때 사용한다.

➔ 형태

동사/형용사 + -(으)ㄹ 텐데				
동사/형용사	받침(○)	-을 텐데	늦다	늦을 텐데
	받침(X), ㄹ	-ㄹ 텐데	자다 살다	잘 텐데 살 텐데

➔ 사용

(1) 말하는 이가 어떤 상황에 대해 추측이나 아쉬움을 나타내며, 뒤이어 그와 관련된 내용을 제시한다.

> **예** 가: 주말에 뭐 해요? 혼자 있으면 잠만 잘 텐데 같이 영화 봐요.
> 나: 네, 그래요.
>
> 가: 지금 출발해도 늦을 텐데 걱정이네요.
> 나: 그럼 택시를 타고 갑시다.
>
> 가: 월요일은 바쁠 텐데 수요일은 어떠세요?
> 나: 수요일에는 제가 바빠요.
>
> 가: 오후에 비가 올 텐데 우산을 가지고 가세요.
> 나: 그래요? 고마워요.

(2) 말하는 이가 지나간 상황에 대해 아쉬움을 나타내며, 뒤에는 그와 반대되는 내용을 제시한다. 일반적으로 과거형으로 나타낸다.

> 예 가: 여행 잘 다녀왔어요?
>
> 나: 네, 같이 갔으면 <u>좋았을 텐데</u> 아쉽네요.
>
> 가: 조금 더 일찍 일어났으면 지각하지 <u>않았을 텐데</u>.
>
> 나: 다음부터는 늦지 마세요.

20 시간

20.1. -기 전에

의미 어떤 일을 하기에 앞서 먼저 동작의 순서를 나타낼 때 사용한다.

→ 형태

동사+ -기 전에		
자다	자+기 전에	자기 전에
먹다	먹+기 전에	먹기 전에
씻다	씻+기 전에	씻기 전에

→ 사용

(1) 어떤 일을 하기에 앞서 먼저 동작의 순서를 나타내는 표현이다.

> 예 가: 얘야, <u>자기 전에</u> 이를 닦아라.
>
> 나: 네, 엄마.
>
> 가: <u>식사하기 전에</u> 먼저 손을 씻으세요.
>
> 나: 그냥 먹으면 안 돼요?

가: 여기 <u>오기 전에</u> 뭐 했어요?

나: 친구들과 운동을 했어요.

20.2. -(으)ㄴ 지

의미 어떤 동작이 끝난 다음 시간의 흐름을 나타낸다.

→ 형태

동사 + -(으)ㄴ 지				
받침(O)	-은지	읽다	읽+은지	읽은 지
받침(X),ㄹ	-ㄴ지	오다 취직하다	오+ㄴ지 취직하+ㄴ지	온 지 취직한 지

→ 사용

(1) 어떤 동작이 끝난 다음, 그 동작의 기간을 나타낸다.

예 가: 아직도 담배를 피우세요?

나: 네, 담배를 <u>피운 지</u> 5년이 돼서 끊기가 어려워요.

가: <u>취직한 지</u> 얼마나 됐어요?

나: 벌써 10년이 흘렀네요.

(2) '-(으)ㄴ 지가'를 쓰기도 한다.

예 가: 한국에 언제 왔어요?

나: 한국에 <u>온 지가</u> 벌써 4년이 지났네요.

20.3. –(으)ㄴ 후에(다음에)

의미 두 상황이 있을 때 나중에 일어나는 사건이나 동작의 순서를 나타낼 때 사용한다.

➔ 형태

동사+ –(으)ㄴ 후에(다음에)				
동사	받침(○)	-은 후에(다음에)	먹다	먹은 후에
	받침(X)	-ㄴ 후에(다음에)	도착하다	도착한 후에

➔ 사용

(1) 나중에 일어나는 사건이나 동작의 순서를 나타내는 표현이다.

> **예** 가: 저녁을 <u>먹은 후에</u> 무엇을 해요?
> 나: 저녁을 <u>먹은 다음에</u> 공원에서 산책을 할 거예요.
>
> 가: 고향에 <u>도착한 다음에</u> 꼭 전화를 하세요.
> 나: 걱정하지 마세요. 전화할게요.
>
> 가: 누가 먼저 한국에 왔어요?
> 나: 제가 한국에 <u>온 다음에</u> 동생도 한국에 왔어요.

20.4. –는 중이다

의미 어떤 일의 상황이나 동작이 진행되고 있음을 나타낼 때 사용한다.

→ 형태

동사 + -는 중이다		
가다	가 + 는 중이다	가는 중이다
읽다	읽 + 는 중이다	읽는 중이다
일하다	일하 + 는 중이다	일하는 중이다
회의하다	회의하 + 는 중이다	회의하는 중이다

→ 사용

(1) 상황이나 동작의 진행을 나타낸다.

> 예 가: 뭐 하세요?
>
> 나: 책을 <u>읽는 중</u>이에요.
>
> 가: 사무실에 아무도 없어요?
>
> 나: 지금 <u>회의하는 중</u>이니 조용히 하세요.
>
> 가: 마리아 씨와 이야기 할 수 있을까요?
>
> 나: <u>전화하는 중</u>이니 잠시 기다리세요.
>
> 가: 어머니께서는 어디에 계세요?
>
> 나: 부엌에서 <u>요리하시는 중</u>이에요.

(2) 'N+-중'으로 나타낼 수 있다.

> 예 밥을 먹는 중이다. = <u>식사 중</u>.   책을 읽는 중이다. = <u>독서 중</u>.
>
> 전화하는 중이다. = <u>통화 중</u>.   회의하는 중이다. = <u>회의 중</u>.

20.5. -는 동안에

의미 상황이나 동작의 기간 또는 범위 내에 발생하는 일을 나타낼 때 사용한다.

→ **형태**

동사 + -는 동안(에)		
기다리다 읽다 운전하다	기다리 + 는 동안(에) 읽 + 는 동안(에) 운전하 + 는 동안(에)	기다리는 동안(에) 읽는 동안(에) 운전하는 동안(에)

→ **사용**

(1) 상황이나 동작의 기간 또는 범위 내에 발생하는 일을 나타낸다.

> 예　가: 손님, 기다리시는 동안에 커피 한 잔 하실래요?
> 　　나: 감사합니다.
>
> 　　가: 운전하는 동안에는 휴대전화를 사용하면 안 돼요.
> 　　나: 하지만 전화가 자꾸 오는데요.
> 　　가: 그래도 위험해서 안 돼요. 받지 마세요.
>
> 　　가: 한국에 있는 동안 뭐 하고 싶어요?
> 　　나: 제주도에 여행을 가고 싶어요.

21　선택

21.1. -(으)ㄹ까 말까

의미　어떤 일이 일어날 듯 말 듯한 상황에서 무엇을 할까 하지 말까 하며 고민하거나 망설임을 나타내는 표현이다.

➔ 형태

동사 + -(으)ㄹ까 말까				
동사	받침(○)	-을까 말까	먹+을까 말까	먹을까 말까
	받침(X), ㄹ	-ㄹ까 말까	가+ㄹ까 말까	갈까 말까

➔ 사용

(1) 어떤 일이 일어날 듯 말 듯한 상황에서 고민하거나, 망설임을 나타낸다.

> 예 가: 무슨 생각을 그렇게 해요?
> 나: 잠이 와서 커피를 <u>마실까 말까</u> 망설이고 있었어요.
>
> 가: 팅팅 씨와 화해했어요?
> 나: 아직 안 했어요. 다시 말을 <u>걸까 말까</u> 고민이에요.
>
> 가: 어디에 가요?
> 나: 날이 추워서 밖에 <u>나갈까 말까</u> 생각하고 있었어요.

(2) '-(으)ㄹ까'로 줄여 쓰기도 한다.

> 예 가: 고향에 언제 갈 거예요?
> 나: 내년에 <u>돌아갈까</u> 해요.
>
> 가: 로빈 씨, 약속시간에 늦겠어요? 서두르세요.
> 나: 그래서 택시를 <u>탈까</u> 해요.

21.2. -(이)거나

의미 앞뒤의 상황 모두를 포함한 선택을 나타내는 경우에 사용한다.

➔ 형태

동사/형용사/명사 + -(이)거나		
동사/형용사	보다 읽다 운동하다 예쁘다	보 + 거나 읽 + 거나 운동하 + 거나 예쁘 + 거나	보거나 읽거나 운동하거나 예쁘거나
명사	받침(○)	학생 + 이거나	학생이거나
	받침(X)	의사 + 이거나	의사이거나

➔ 사용

(1) 앞 뒤 상황 모두를 포함한 선택을 나타낸다.

> 예 가: 내일 뭐 할 거예요?
>
> 나: 친구와 <u>운동하거나</u> 쇼핑할 거예요.
>
> 가: 휴가 때 뭐하며 지냈어요?
>
> 나: 책을 <u>읽거나</u> 텔레비전을 봤어요.
>
> 가: 주로 어떤 음료를 마셔요?
>
> 나: 커피를 <u>마시거나</u> 녹차를 마시는 편이에요.
>
> 가: 로빈 씨, 이상형이 있어요?
>
> 나: 네, 얼굴이 <u>예쁘거나</u> 마음이 착하면 좋겠어요.

21.3. -(이)나 -(이)나 할 것 없이

의미 앞뒤의 명사 모두 포함함을 나타낸다.

→ **형태**

명사 + -(이)나 명사 + -(이)나 할 것 없이			
명사	받침(○)	-이나	산 + 이나	산이나
	받침(X)	-나	바다 + 나	바다나

→ **사용**

(1) 앞뒤의 명사 모두 포함함을 나타낸다.

예 가: 로빈 씨는 <u>춤이나 노래나</u> 할 것 없이 모두 잘하세요.
　　나: 맞아요. 부러워요.

　　가: 여름에는 <u>산이나 바다나</u> 할 것 없이 모두 사람들이 많아요.
　　나: 휴가철이잖아요.

(2) '명사+ -(이)나 명사+ -(이)나 할 것 없이'에서 '할 것 없이'를 생략하여 나타내기도 한다.

예 가: 우리 주말에 함께 요리해요. 한식이 좋아요? 중식이 좋아요?
　　나: 저는 <u>한식이나 중식이나</u> 모두 좋아요.

　　가: 내일 시간 있어요? 등산 갈래요?
　　나: 네, 가을이니까 단풍으로 유명한 <u>설악산이나 내장산이나</u> 아니면 가까운 북한산도 괜찮아요.

21.4. -느니 차라리

의미 두 가지 모두 마음에 들지 않으나 어쩔 수 없이 둘 중에 더 나은 것을 선택함을 나타낸다.

→ **형태**

동사 + -느니 차라리		
죽다 결혼하다	죽+느니 차라리 결혼하+느니 차라리	죽느니 차라리 결혼하느니 차라리

→ **사용**

(1) 둘 중에 하나를 선택함에 있어 두 가지 모두 마음에 들지 않으나 어쩔 수 없이 둘 중에 더 마음에 드는 하나를 선택함을 나타낸다.

　예　가: 사는 게 힘들어요. 죽고 싶어요.

　　　나: 그렇게 죽느니 차라리 나는 죽을 힘으로 열심히 살겠다.

　　　가: 이제 우리 그만 만나요.

　　　나: 싫어요. 다른 사람과 결혼하느니 차라리 혼자 사는 게 낫겠어요.

21.5. N+ -(이)든지/(이)건 N+ -(이)든지/(이)건

의미	앞뒤의 명사 모두 포함함을 나타낸다.

→ **형태**

명사 + -(이)든지/(이)건 명사 + -(이)든지/(이)건				
명사	받침(○)	-이든지/이건	박물관 + 이든지	박물관이든지
	받침(X)	-든지/건	음악회 + 든지	음악회든지

→ **사용**

(1) 앞뒤의 명사 모두 포함함을 나타낸다.

　예　가: 데이트 코스는 어디가 좋을까요?

　　　나: 박물관이든지 음악회든지 모두 괜찮을 것 같아요.

가: 말과 행동 중 무엇이 더 중요할까요?

나: 말이건 행동이건 모두 중요하니 늘 조심해야 해요.

(2) 'N+-(이)든지'의 '지'를 생략할 수 있다.

예 가: 언제 만나요?

나: 저는 오늘이든 내일이든 상관없어요.

(3) '의문사 +-든지'의 형태도 사용이 가능하다.

예 가: 제가 이번 시험에 합격할 수 있을까요?

나: 누구든지 노력하면 합격할 수 있어요.

가: 선생님, 질문해도 돼요?

나: 모르는 것이 있으면 어디에서든지, 언제든지, 무엇이든지 항상 질문
해도 좋아요.

21.6. -(으)ㄹ락 말락 하다

의미 어떤 행위의 동작이 목표의 경계에 도달하려는 상황을 나타낸다.

→ 형태

동사 + -(으)ㄹ락 말락 하다				
동사	받침(○)	-을락 말락 하다	감다 닿다	감+을락 말락 하다 닿+을락 말락 하다	감을락 말락 하다 닿을락 말락 하다
	받침(X),ㄹ	ㄹ락 말락 하다	넘치다	넘치+ㄹ락 말락 하다	넘칠락 말락 하다

→ 사용

(1) 어떤 행위의 동작이 목표의 경계에 도달하려는 상황을 나타낸다.

예 가: 책장 꼭대기에서 책 좀 꺼내 주세요.

나: 손이 <u>닿을락 말락</u> 하는데 어떡하죠?

가: 컵 조심하세요.

나: 물이 <u>넘칠락 말락</u> 하네요.

21.7. -(으)ㄴ/는커녕 / -기는 커녕

의미 앞뒤 모두 불가능함을 나타낸다. 이때 앞의 내용이 뒤의 내용보다 더 어려우며, 부정적 상황을 나타낸다.

→ 형태

동사/형용사/명사				
동사/ 형용사	-기는 커녕	쉬다 만나다 끝내다	쉬+기는 커녕 만나+기는커녕 끝내+기는커녕	쉬기는커녕 만나기는커녕 끝내기는커녕
명사	받침(○) -은커녕		아침+은커녕	아침은커녕
	받침(X) -는커녕		다이어트+는커녕	다이어트는커녕

→ 사용

(1) 앞뒤 모두 불가능하거나 어려움을 나타내며 부정적 상황을 나타낸다.

예 가: 주말에 좀 쉬었어요?

나: <u>쉬기는커녕</u> 집안일만 했어요.

가: 점심 먹었어요?

나: <u>점심은커녕</u> 아침도 못 먹었어요.

가: 일을 다 끝냈습니까?

나: <u>끝내기는커녕</u> 아직 시작도 못 했습니다.

22 가능

22.1. -(으)ㄹ 수 있다 / 없다

의미 어떤 일의 가능성이나 방법이 있는지 없는지를 나타낸다.

→ 형태

동사/형용사 + -(으)ㄹ 수 있다/없다				
동사/ 형용사	받침(○)	-을 수 있다/없다	늦다	늦을 수 있다/없다
	받침(X), ㄹ	-ㄹ 수 있다/없다	가다	갈 수 있다/없다

→ 사용

(1) 어떤 일의 가능성이 있는지 없는지를 나타낸다.

> **예** 가: 이번 주에 산에 <u>갈 수 있어요</u>?
> 나: 네, <u>갈 수 있어요</u>.
>
> 가: 내일 약속 알지요?
> 나: 네, 그런데 길이 막히면 조금 <u>늦을 수 있어요</u>.
> 가: 늦지 않게 조금 일찍 출발하세요.
>
> 가: 다음 주말에 부모님 생신이 있어요.
> 나: 그럼 다음 주말에는 <u>만날 수 없네요</u>.
>
> 가: 우리 내년에 결혼 합시다.
> 나: 이제 당신 말은 <u>믿을 수 없어요</u>.

(2) 어떤 일의 능력이나 방법을 나타낸다.

예 가: 이 불고기의 맛이 어때요?

나: 아주 맛있어요.

가: 저만의 불고기를 <u>요리할 수 있는</u> 비법이 있어요.

나: 저도 가르쳐 주세요.

22.2. -(으)ㄹ 줄 알다/ 모르다

의미 어떤 일을 처리할 능력이나 방법을 나타내며, 사실이나 상태를 나타내기도 한다.

→ 형태

동사/형용사 + -(으)ㄹ 줄 알다/모르다				
동사/ 형용사	받침(○)	-을 줄 알다/모르다	읽다	읽을 줄 알다/모르다
	받침(X), ㄹ	-ㄹ 줄 알다/모르다	마시다	마실 줄 알다/모르다

→ 사용

(1) 어떤 일을 할 능력이나 방법을 나타낸다.

예 가: 우리 더운데 시원한 맥주 한 잔 할까요?

나: 저는 술을 <u>마실 줄 몰라요</u>. 아이스커피는 어때요?

가: 아이스커피도 좋아요.

가: 이 글자가 뭐예요?

나: 저는 중국어를 <u>읽을 줄 몰라요</u>.

다: 제가 <u>읽을 줄 알아요</u>.

(2) 사실이나 상태를 나타내기도 한다.

예 가: 오늘 비가 <u>올 줄 몰랐어요</u>.

나: 저도요. 아침에 창문을 열어 놓고 나왔어요.

가: 어제 밤새도록 한국 드라마를 봤어요.
나: 어때요?
가: 한국 드라마가 이렇게 <u>재미있을 줄 몰랐어요</u>.
　　정말 재미있어요.

23　단정

23.1. -기에 달려 있다

의미 　어떤 행동이나 상황의 단정으로 인해 뒤의 상황이나 결과가 달라질 수 있음을 나타낸다.

→ **형태**

동사 + -기에 달려 있다		
노력하다 준비하다	노력하 + 기에 달려 있다 준비하 + 기에 달려 있다	노력하기에 달려 있다 준비하기에 달려 있다

→ **사용**

(1) 앞의 행동으로 인해 뒤의 상황이나 결과가 달라질 수 있음을 나타낸다.

　예　가: 유학생활을 어떻게 하면 잘 보낼 수 있을까요?
　　　나: <u>노력하기에 달려 있으니</u> 열심히 노력하세요.
　　　가: 한국어를 잘 할 수 있는 방법이 있습니까?

나: 말은 <u>연습하기에 달려</u> 있습니다. 꾸준히 연습하면 잘 할 수 있습니다.

가: 어떻게 하면 행복해 질까요?
나: 행복은 <u>마음먹기에 달려</u> 있어요.

(2) 'N+-에(게) 달려 있다'를 사용할 수 있다.

예 가: 인생의 승패는 <u>인간관계에 달려</u> 있다고 봅니다.

가: 아이의 언어능력은 <u>엄마에게 달려</u> 있어요.

23.2. -이야말로

의미 여러 대상과 비교하여 특정 대상의 뒤에 붙어 강조의 의미를 나타낸다.

→ 형태

명사 + 이야말로			
받침(O)	-이야말로	선물+이야말로	선물이야말로
받침(X)	-야말로	제주도+야말로	제주도야말로

→ 사용

(1) 여러 대상과 비교하여 특정 대상의 뒤에 붙어 강조의 의미를 나타낸다.

예 가: 한국의 여행지 중 유명한 곳은 어디입니까?
나: <u>제주도야말로</u> 가장 인기 있는 여행지이지요.

가: 부모님 선물로 어떤 것이 좋을까요?
나: 마음이 담긴 <u>선물이야말로</u> 어른들이 가장 좋아하시는 선물이에요.

24　의지

24.1. -고야 말겠다

의미 말하는 이의 강한 의지, 다짐 등을 나타낸다.

→ 형태

동사 + -고야 말겠다		
사다	사+고야 말겠다	사고야 말겠다
따다	따+고야 말겠다	따고야 말겠다
합격하다	합격하+고야 말겠다	합격하고야 말겠다

→ 사용

(1) 말하는 이의 강한 의지, 다짐 등을 나타낸다.

　　예 가: 영희 씨, 운전 연습은 잘 되나요?

　　　　나: 그럼요. 이번에는 운전면허증을 <u>따고야 말겠어요</u>.

　　　　가: 이제 결혼할 나이지요?

　　　　나: 네, 올해는 꼭 제 사랑을 <u>찾고야 말겠어요</u>.

(2) 주어가 3인칭일 때는 추측을 나타낸다.

　　예 가: 철수 씨, 과속을 하다가는 사고가 <u>나고야 말겠어요</u>.

　　　　나: 네, 조심할게요.

24.2. -(으)ㄹ게요

의미 말하는 이의 의지를 나타내거나 상대에게 약속하거나 동의를 구할 때 사용한다.

→ **형태**

동사/형용사 + -(으)ㄹ게요				
동사	받침(○)	-을게요	먹다	먹을게요
	받침(X), ㄹ	-ㄹ게요	전화하다	전화할게요

→ **사용**

(1) 말하는 이의 의지를 나타낸다.

예 가: 커피나 녹차 중 무엇을 드릴까요?

나: 저는 커피 주세요. 커피를 <u>마실게요.</u>

(2) 상대에게 약속하거나 동의를 구할 때 표현하기도 한다.

예 가: 언제 시간이 괜찮아요?

나: 금요일 저녁이 좋아요.

가: 그럼 금요일 저녁에 <u>전화할게요.</u>

25 양보

25.1. -(으)ㄹ지라도

의미 상황을 인정하거나 양보하여 가정함을 나타내는 것으로 뒤에 제시되
는 상황을 강조할 때 사용한다. 이때 뒤의 내용은 앞의 상황의 반대이
거나 그로인해 영향을 받지 않는 내용이 나타난다. 또 기대와 다른
결과를 나타내기도 한다.

➔ 형태

동사/형용사 + -(으)ㄹ지라도				
동사/형용사	받침(○)	-을지라도	먹다 좋다	먹을지라도 좋을지라도
	받침(X), ㄹ	-ㄹ지라도	가다 예쁘다	갈 지라도 예쁠지라도

➔ 사용

(1) 상황을 인정하거나 양보하여 가정함을 나타내는 것으로 뒤에 제시
되는 상황을 강조할 때 사용한다.

> **예** 가: 그는 세계 제일의 부자예요. 부러워요.
> 나: 아무리 돈이 <u>많을지라도</u> 건강이 제일이지요.
>
> 가: 밥은 먹었어요?
> 나: 아니요. 바빠서 못 먹었어요.
> 가: <u>바쁠지라도</u> 밥은 먹고 다녀야죠.

(2) 상황을 인정하거나 제시하면서 뒤에 제시되는 상황이 기대와는 다른 결과를 나타내기도 한다.

> 예 가: 박지성은 훌륭한 축구 선수예요.
>
> 나: 네, 맞아요. 나이는 <u>어릴지라도</u> 운동을 아주 잘해요.

25.2. -(으)ㄴ/는데도 불구하고

의미 제시한 상황이 기대와 다른 결과를 나타낼 때 사용한다.

→ 형태

구분		과거	현재
동사	받침(○)	-은데도 불구하고	-는데도 불구하고
	받침(X),ㄹ	-ㄴ데도 불구하고	
형용사	받침(○)		-은데도 불구하고
	받침(X),ㄹ		-ㄴ데도 불구하고
명사		-인데도 불구하고	

→ 사용

(1) 제시한 상황이 기대와 다른 결과를 나타낸다.

> 예 가: 공부를 열심히 <u>하는데도 불구하고</u> 성적이 오르지 않아요.
>
> 나: 너무 고민하지 마세요. 노력한 만큼 앞으로 좋아질 거예요.
>
> 가: 그는 몸이 <u>아픈데도 불구하고</u> 쉬지 않아요.
>
> 나: 걱정이네요.

(2) '-(으)ㄴ/는데도'만 사용하기도 한다.

예 가: 잠을 푹 <u>자는데도</u> 개운하지 않아요.

나: 운동을 시작해 보세요.

(3) '-음에도 불구하고'를 사용하기도 한다.

예 가: 그 사람이 <u>좋음에도 불구하고</u> 아무 말도 못하겠어요.

나: 말을 하기 어려우면 편지를 써 보세요.

26 경험

26.1. -(으)ㄴ적이 있다 / 없다

의미 과거에 어떤 경험을 했는지 하지 않았는지를 나타낸다. 경험을 했으면
'-(으)ㄴ적이 있다'를, 경험이 없으면 '-(으)ㄴ적이 없다'를 사용한다.

→ **형태**

동사/형용사 + -(으)ㄴ적이 있다/없다				
동사/ 형용사	받침(○)	-은적이 있다/없다	먹다	먹은 적이 있다/없다
	받침(X)	-ㄴ적이 있다/없다	가다	간 적이 있다/없다

→ **사용**

(1) 과거에 어떤 경험을 했는지 하지 않았는지를 나타낸다. 이때의 경험
은 일반적인 경험을 의미한다.

예 가: 제주도에 <u>간 적이 있어요</u>?

나: 아니요, <u>간 적이 없어요</u>. 이번 휴가 때 가고 싶어요.

가: 오늘 버스에서 지갑을 잃어버렸어요.

나: 저도 지갑을 <u>잃어버린 적이 있어요.</u>

(2) 과거에 어떤 경험을 시도해 본 경우는 '-아/어 본 적이 있다/없다'를 사용한다. 이때의 경험은 말하는 이의 의지를 담고 있다.

예 가: 어느 나라가 가장 기억에 남아요?

나: 영화 '스타워즈'를 찍은 터키에 <u>가 본 적이 있는데</u> 가장 기억에 남아요.

26.2. -아/어 보다

의미 어떤 일을 시도하거나 과거의 어떤 경험을 나타낸다.

→ 형태

동사/형용사 + -아/어 보다					
동사/ 형용사	ㅏ, ㅗ	-아 보다	가다 만나다	가+보다 만나+보다	가보다 만나보다
	ㅓ, ㅜ, ㅡ, ㅣ ……	-어 보다	먹다 울다	먹+어보다 울어+보다	먹어보다 울어보다
	-하다	-해 보다	운동하다	운동하+여 보다	운동해보다

→ 사용

(1) 어떤 일을 시도하는 경우를 나타낸다.

예 가: 이 옷을 <u>입어 보세요.</u>

나: 네, 입어 볼게요.

가: 저는 가끔 중국 요리를 <u>만들어 봐요.</u>

나: 새로운 일을 시도하는 것은 재미있지요.

(2) 과거의 어떤 경험을 나타낸다.

> 예 가: 김치를 <u>먹어 봤어요</u>? 맛이 어때요?
> 나: 네, 한국 식당에서 <u>먹어 봤어요</u>. 조금 매웠어요.

(3) '보다 +보다' 의 경우는 사용하지 않는다.

> 예 이 영화를 <u>봐 보세요</u>.(X) → 이 영화를 <u>보세요</u>.(O)
> 이 영화를 <u>봐 봤어요</u>.(X) → 이 영화를 <u>봤어요</u>.(O)

27 허락 · 금지

27.1. -아/어도 되다

의미 행동에 대한 허락을 나타낸다. 이때 '되다'는 '괜찮다, 좋다, 상관없다' 의 의미이다.

→ 형태

동사/형용사 + -아/어도 되다					
동사/ 형용사	ㅏ, ㅗ	-아도 되다	가다 작다	가+아도 되다 작+아도 되다	가도 되다 작아도 되다
	ㅓ, ㅜ, ㅡ, ㅣ ……	-어도 되다	찍다 피우다 크다	찍+어도 되다 피우+어도 되다	찍어도 되다 피워도 되다
	-하다	-해도 되다	수영하다	수영하+여도 되다	수영해도 되다

→ 사용

(1) 행동에 대한 허락을 나타낸다. 대답의 경우 '(으)면 안 되다'를 사용한다.

예 가: 박물관에서 사진을 찍어도 돼요?
　　나: 아니요. 사진을 찍으면 안 돼요.

　　가: 담배를 피워도 됩니까?
　　나: 이곳은 금연구역입니다. 담배를 피우면 안 됩니다.

(2) 조건이나 허용을 나타낸다.

예 가: 자동차가 작아도 돼요?
　　나: 네, 저 혼자 탈거니까 작아도 괜찮아요. 아, 가끔 부모님이 오시니까 작으면 안 되겠네요.

27.2. -(으)면 안 되다

의미 행동에 대한 금지를 나타낸다.

→ 형태

동사/형용사 + -(으)면 안 되다					
동사/ 형용사	받침(O)	-으면 안 되다	작다 찍다	작+으면 안 되다 찍+으면 안 되다	작으면 안 되다 찍으면 안 되다
	받침(X)	-면 안 되다	가다 크다	가+면 안 되다 크+면 안 되다	가면 안 되다 크면 안 되다

→ 사용

(1) 행동에 대한 금지를 나타낸다. 질문, 대답 모두 '(으)면 안 되다'의

사용이 가능하다.

> 예 가: 박물관에서 사진을 <u>찍으면 안 돼요</u>?
> 나: 네, 사진을 <u>찍으면 안 돼요</u>.
>
> 가: 담배를 <u>피우면 안 됩니까</u>?
> 나: 이곳은 금연구역입니다. 담배를 <u>피우면 안 됩니다</u>.

(2) 조건이나 허용을 나타낸다.

> 예 가: 자동차가 <u>작으면 안 돼요</u>?
> 나: 아니요. 저 혼자 탈거니까 작아도 괜찮아요. 아, 가끔 부모님이 오시
> 니까 <u>작으면 안 되겠네요</u>.

(3) 긍정과 부정의 질문과 대답 비교

> 예 긍정: 이 음식을 <u>먹어도 돼요</u>?
> → <u>네, 먹어도 돼요</u>. / 아니요, 먹으면 안 돼요.
> 부정: 이 음식을 <u>먹으면 안 돼요</u>?
> → <u>아니요, 먹어도 돼요</u>. / 네, 먹으면 안 돼요.

28 판단

28.1. -아/어 보이다

의미 말하는 이가 어떤 상황이나 일에 대한 느낌을 나타내는 표현이다.

➔ 형태

형용사 + -아/어 보이다				
형용사	ㅏ, ㅗ	-아 보이다	높다 비싸다	높+아 보이다 비싸+아 보이다	높아 보이다 비싸 보이다
	ㅓ, ㅜ, ㅡ, ㅣ ……	-어 보이다	넓다 깊다	넓+어 보이다 깊+어 보이다	넓어 보이다 깊어 보이다

➔ 사용

(1) 상황이나 물건에 대한 느낌을 나타낸다.

> 예 가: 저 가방이 어때요?
> 나: 비싸 보여요.
>
> 가: 마리아 씨, 기분이 좋아 보여요.
> 나: 네, 오늘이 제 생일이에요.
>
> 가: 하늘이 높아 보여요.
> 나: 가을이잖아요. 가을 하늘은 높아 보여요.

28.2. -(으)ㄴ/는 셈이다

의미 상황이나 상태가 어떤 부류와 가까워짐을 나타낼 때 사용한다.

→ **형태**

구분		과거	현재	미래
동사	받침(○)	-은 셈이다	-는 셈이다	-을 셈이다
	받침(X),ㄹ	-ㄴ 셈이다		-ㄹ셈이다
형용사	받침(○)	-은 셈이다	-은 셈이다	
	받침(X),ㄹ	-ㄴ 셈이다	-ㄴ 셈이다	

→ **사용**

(1) 상황이나 상태가 어떤 부류에 가까워짐을 나타낸다.

> 예 가: 다니엘 씨가 회사에서 승진을 했대요.
> 나: 젊은 나이에 승진을 했으니 <u>성공한 셈이네요.</u>
>
> 가: 기분이 좋아 보여요. 무슨 일이 있어요?
> 나: 아니요. 매일 4시간 자다가 어제는 8시간이나 잤어요.
> 가: 다른 날보다 많이 <u>잔 셈이군요.</u>

29 제안

29.1. -(으)ㄹ래요

의미 말하는 이가 상대방에게 '함께 하자'는 제안을 나타낸다. 이때 상대방
의 생각에 대한 배려가 들어 있다.

➡ **형태**

동사/형용사 + -(으)ㄹ래요?				
동사/형용사	받침(○)	-을래요?	먹다 좋다	먹을래요? 좋을까요?
	받침(X), ㄹ	-ㄹ래요?	가다 나쁘다	갈래요? 나쁠까요?

➡ **사용**

(1) 말하는 이가 상대방에게 '함께 하자'는 제안을 나타낼 때 사용한다.

> 예 가: 주말에 같이 등산 갈래요?
> 나: 네, 좋아요. 등산 갈래요.
>
> 가: 점심에 무엇을 (같이/함께) 먹을래요?
> 나: 피자를 먹을래요.
>
> 가: 피자와 함께 콜라도 마실래요?
> 나: 그래요.
>
> 가: 몇 시에 만날래요?
> 나: 일이 끝나고 저녁 7시에 만납시다.

(2) 상대방이 웃어른이나 지위가 높은 사람의 경우는 '(으)실래요?'를 사용한다.

> 예 가: 교수님 어떤 음료수를 드실래요?
> 나: 나는 녹차를 마시겠네. 자네는 뭘 마시겠나?
> 가: 저도 녹차가 좋습니다.
>
> 가: 어머니 어떤 TV 프로그램을 보실래요?
> 나: 제가 틀어 드릴게요.

29.2. −(으)ㄹ까요

의미	말하는 이가 상대방에게 행동을 '함께 하자'는 제안을 나타낸다. 이때는 말하는 이의 생각이 상대방의 생각보다 강하다.

→ 형태

동사/형용사 + −(으)ㄹ까요?				
동사/형용사	받침(○)	-을까요?	먹다 좋다	먹을까요? 좋을까요?
	받침(Ｘ)	-ㄹ까요?	가다 나쁘다	갈까요? 나쁠까요?

→ 사용

(1) 말하는 이가 상대방에게 행동을 '함께 하자'는 제안을 나타낼 때 사용한다.

> 예 가: (우리) 주말에 같이 영화를 볼까요?
> 나: 네, 좋아요. 영화를 봅시다.
>
> 가: (우리) 언제 만날까요?
> 나: 주말이 어떨까요?
> 가: 그래요. 주말에 만나요.

(2) 상대방의 의사를 확인하는 경우에 사용한다. 이 경우 상대에게 반드시 '함께 하자'는 의미는 아니다.

> 예 가: 제가 내일 점심을 살까요?
> 나: 왜요?
> 가: 지난번에 제게 저녁을 사 주셨잖아요.

(3) 추측의 의미로도 사용한다. 이때는 주어가 3인칭이다.

> 예 가: 팅팅 씨가 출근을 할까요?
> 나: 감기가 다 나았으니 회사에 오겠지요.
>
> 가: 내일 날씨가 더울까요?
> 나: 아마 더울 거예요.

(4) 비교 '-(으)ㄹ래요?'와 '-(으)ㄹ까요?'는 바꿔 써도 의미가 통한다. 그러나 '-(으)ㄹ래요?'는 상대방에 대한 배려가 더 크며, '-(으)ㄹ까요?'는 자신의 생각이 더 강하다.

29.3. -아/어 드릴까요

의미 말하는 이가 상대방에게 필요한 것을 먼저 제안할 때 사용한다.

→ 형태

동사/형용사 + -아/어 드릴까요?					
동사/ 형용사	ㅏ, ㅗ	-아 드릴까요	보다 찾다	보+아 드릴까요 찾+아 드릴까요	봐 드릴까요? 찾아 드릴까요?
	ㅓ, ㅜ, ㅡ, ㅣ ……	-어 드릴까요	찍다	찍+어 드릴까요	찍어 드릴까요?
	-하다	-해 드릴까요	청소하다	청소하+여 드릴까요	청소해 드릴까요?

→ 사용

(1) 말하는 이가 상대방에게 필요한 것을 먼저 제안할 때 사용한다.

> 예 가: 제가 사진을 찍어 드릴까요?

나: 네, 감사합니다.

가: 재미있는 영화가 있는데 표를 예매해 <u>드릴까요</u>?
나: 정말요? 고마워요.

(2) 말하는 이의 제안이 필요 없으면 거절의 표현으로 '아니요. 괜찮습
니다.' 정도를 사용한다.

> 예 가: 가방이 무거워 보여요. <u>들어 드릴까요</u>?
나: 아니요, 고맙지만 괜찮아요. 무겁지 않아요.

30 부탁 · 봉사

30.1. -아/어 주다

의미 말하는 이가 상대방에게 부탁할 때 사용한다. 다른 사람을 위하여 봉
사하는 의미로 사용하기도 한다.

→ 형태

동사/형용사 + -아/어 주다					
동사/ 형용사	ㅏ, ㅗ	-아 주다	오다 앉다	오+아 주다 앉+아 주다	와 주다 앉아 주다
	ㅓ, ㅜ, ㅡ, ㅣ	-어 주다	열다 켜다	열+어 주다 켜+어 주다	열어 주다 켜 주다
	-하다	-해 주다	청소 하다	청소 하+여 주다	청소 해 주다

→ 사용

(1) 말하는 이가 상대방에게 부탁할 때 사용한다.

> 예 가: 지금 뭐 해요?
> 나: 강아지를 잃어버려서 찾고 있어요. 강아지를 좀 찾아 주세요.
> 가: 네, 같이 찾아 봐요.
>
> 가: 날씨가 덥지요?
> 나: 너무 더워요. 에어컨 좀 켜 주세요.
> 가: 전기를 아껴야지요. 선풍기를 켜 드릴게요.
> 나: 네, 고마워요.

(2) 공식적인 자리에서는 '-아/어 주십시오'로 사용한다.

> 예 가: 여러분, 모두 자리에 앉아 주십시오.
> 회의를 시작하겠습니다.
>
> 가: 도서관에서는 조용히 해 주십시오.

(3) 다른 사람에게 도움을 주는 '봉사'의 의미로도 사용한다.

> 예 가: 오늘이 어버이 날이지요?
> 나: 그래서 저는 부모님께 꽃을 달아 드렸어요.
>
> 가: 할머니와 무엇을 했니?
> 나: 할머니께 책을 읽어 드렸어요.
>
> 가: 엄마, 친구들이 왔어요.
> 나: 친구들에게 사과라도 깎아 주었니?
>
> 가: 남자 친구가 가방을 들어 주었어요.
> 나: 좋은 친구이군요.

★주의: '주다'의 높임은 '드리다'이므로 웃어른께는 '드리다'를 사용한다.

31 약속

31.1. -기로 하다

의미 상대방과의 약속이나, 나 자신과의 약속인 결심을 할 때 사용한다. 그리고 두 사람 사이의 약속을 다른 사람에게 전달할 때도 사용한다.

→ 형태

동사 + -기로 하다		
끊다	끊 + 기로 하다	끊기로 하다
결혼하다	결혼하 + 기로 하다	결혼하기로 하다
운동하다	운동하 + 기로 하다	운동하기로 하다

→ 사용

(1) 상대방과의 약속을 나타낸다.

> **예** 가: 우리 언제 결혼할까요?
>
> 나: 내년에 <u>결혼하기로 해요.</u>
>
> 가: 신혼여행은 어디가 좋을까요?
>
> 나: 제주도가 어때요?
>
> 가: 저도 제주도가 좋아요. 제주도로 <u>가기로 해요.</u>

(2) 나 자신과의 약속인 결심할 때 사용한다.

> **예** 가: 새해 결심이 뭐예요?
>
> 나: 올해는 담배를 <u>끊기로 했어요.</u>
>
> 가: 술은 계속 마실 거예요?
>
> 나: 아니요. 술도 <u>끊기로 결심했어요.</u>

가: 모두 성공하길 바라요.

(3) 두 사람 사이의 약속을 다른 사람에게 전달할 때 사용한다.

예 가: 팅팅 씨, 오랜만이에요. 얼굴이 좋아 보여요.
나: 네, 로빈 씨와 내년에 <u>결혼하기로 했어요</u>.
가: 어머, 축하해요. 결혼식에 꼭 갈게요.

32 동시

32.1. -으면서

의미 앞의 내용과 뒤의 내용이 같은 사실이나 상태를 나타내기도 하지만 서로 상반되는 관계가 있는 경우를 나타내기도 한다. '-으며'와 바꿔 쓸 수 있다.

→ **형태**

동사/형용사 + -(으)면서					
동사/ 형용사	받침(○)	-으면서	많다 읽다	많+으면서 읽+으면서	많으면서 읽으면서
	받침(X),ㄹ	-면서	가다 보다 예쁘다 만들다	가+면서 보+면서 예쁘+면서 만들+면서	가면서 보면서 예쁘면서 만들면서

→ 사용

(1) 앞의 내용과 뒤의 내용이 같은 사실이나 상태를 나타낸다.

> 예 가: 그 가방이 어때요?
> 나: 이 가방은 <u>싸면서</u> 품질도 좋아요.
>
> 가: 지금 뭐 하고 있어요?
> 나: 피자를 <u>먹으면서</u> 영화를 보고 있어요.
> 가: 어떤 영화예요?
> 나: <u>재미있으면서</u> 조금은 슬픈 영화예요.
>
> 가: 내일 저녁을 같이 먹을까요?
> 나: 그래요. 좋아요.
> 가: 집 근처 한식당이 어때요? <u>맛있으면서</u> 값도 싸요.

(2) 서로 상반되는 관계의 경우를 나타내기도 한다.

> 예 가: 어제 만난 사람이 마음에 들어요?
> 나: 얼굴은 <u>예쁘면서</u> 마음씨는 나쁘더라고요.
>
> 가: 지금 사용하는 컴퓨터가 좋아요?
> 나: 값은 <u>비싸면서</u> 성능은 나빠요. 비싸면 성능이 좋아야 하는데……

(3) 강조할 때는 '-으면서도'를 사용한다.

> 예 가: 그분은 대단해요.
> 나: 맞아요. 낮에는 일을 <u>하면서도</u> 밤에는 대학교에서 공부하잖아요.
>
> 가: 요즘 그 사람이 좋아요. <u>좋아하면서도</u> 싫어하는 척 하는 것이 힘들어요.
> 나: 그럼 용기를 내어 이야기를 해 보세요.

(4) 앞의 내용과 뒤의 내용이 같은 사실이나 상태를 나타내는 경우, 주어가 일치해야 하며 이때 주어는 한 번만 사용한다.

> 예 나는 운동을 하면서 음악을 들어요. (O)
>
> 나는 운동을 하면서 친구는 음악을 들어요. (X)

33 비교

33.1. -보다

의미 두 가지 이상을 비교하여 둘 중 더 마음에 드는 하나를 선택함을 나타낼 때 사용한다.

➔ **형태**

N + -보다		
사과 서울	사과 + 보다 서울 + 보다	사과보다 서울보다

➔ **사용**

(1) 둘 중 더 마음에 드는 하나를 선택함을 나타낸다.

> 예 가: 사과와 수박 중에 무엇을 먹을래요?
>
> 나: 저는 <u>사과보다</u> 수박이 더 좋아요.
>
> 가: 제주도는 <u>서울보다</u> 공기가 깨끗해요.
>
> 나: 맞아요. 서울에는 자동차가 너무 많아요.

(2) 'N+-에 비해'로 나타낼 수도 있다.

> 예 사과에 비해 수박이 더 좋아요. = 사과보다 수박이 더 좋아요.
>
> 저는 동생에 비해 얼굴이 작아요. = 저는 동생보다 얼굴이 작아요.

34 강조

34.1. -(으)ㄴ/는지 알다/모르다

의미 '모르다'와 결합하여 앞의 내용을 강조하는 표현이며, '알다'와 결합하기도 한다. 막연한 의문을 나타내기도 한다.

→ 형태

동사/형용사 + -(으)ㄴ/는지 알다/모르다				
동사	받침(O, X)	-는지 알다/모르다	가다 먹다	가+는지 알다/모르다 먹+는지 알다/모르다
형용사	받침(O)	-은지 알다/모르다	많다	많+은지 알다/모르다
	받침(X)	-ㄴ지 알다/모르다	슬프다	슬프+ㄴ지 알다/모르다

→ 사용

(1) '모르다'와 결합하는 경우는 앞의 내용을 강조하는 표현이다. 주로 '얼마나 -(으)ㄴ는지 모르다'의 형태로 사용한다.

> 예 가: 철수 씨는 옆집 아기가 얼마나 예쁜지 모를 거예요.
>
> 나: 저도 아기를 좋아해요. 보고 싶어요.

가: 벌써 올해도 한 달이 지났어요.
나: 시간이 얼마나 <u>빠른지 몰라요</u>.

(2) 막연한 의문을 나타낸다.

예 가: 그가 어떤 책을 <u>읽는지 알아요</u>?
나: 글쎄요. 저는 모르겠는데요.

가: 인하대학교가 어디에 <u>있는지 모르겠어요</u>.
나: 지하철을 타고 1호선 주안역에서 내리세요.
그리고 마을버스 511번을 타세요.
가: 아, 어디에 <u>있는지 알겠어요</u>.

(3) '-는지도 모른다'의 형태로 사용하여 추측의 의미를 나타낸다.

예 가: 팅팅 씨가 오늘 토픽 시험을 봐요.
나: 잘 보고 <u>있는지도 모르겠네요</u>.
가: 열심히 공부했으니까 잘 볼 거예요.

35 기타

35.1. 아무+(이)나

의미 사람이나 사물을 나타낼 때 여럿 중의 하나로 불특정한 것을 나타낸다.
아무 데나, 아무 것이나, 아무 때나, 아무나 등의 표현으로 사용한다.

➜ 형태

아무 + (이)나		
아무 + (이)나	아무 + 데나 아무 + 것이나 아무 + 때나 아무 + 나	아무 데나 아무 것이나(아무거나) 아무 때나 아무나

➜ 사용

(1) 사람이나 사물의 불특정한 것을 나타낸다.

> 예　가: 마리아 씨, 밤에 여기 저기 <u>아무 데나</u> 다니지 마세요. 위험해요.
>
> 가: 배 고픈데 빨리 <u>아무 것이나</u> 먹어요.
> 나: 아무리 배가 고파도 <u>아무거나</u> 먹을 수는 없어요.
>
> 가: 가을이 되니 외로워요.
> 나: 외롭다고 <u>아무나</u> 만나면 안 돼요.
>
> 가: 우리가 친한 친구라도 밤이건 새벽이건 <u>아무 때나</u> 전화하면 곤란해.
> 나: 미안해. 난 그냥 잠이 안 와서. 진짜 친하면 <u>아무 때나</u> 전화해도 괜찮다고 생각했어.

35.2. 아무+도

> 의미　사람이나 사물을 나타낼 때 불특정한 것을 나타낸다. '아무 데도, 아무 것도, 아무 때도, 아무도' 등의 표현으로 사용되며 뒤에는 부정의 의미가 온다.

→ 형태

아무 + 도		
아무 +도	아무 + 데도 아무 + 것도 아무 + 때도 아무 + 도	아무 데도 아무것도 아무 때도 아무도

→ 사용

(1) 사람이나 사물의 불특정한 것을 나타내며 뒤에는 부정문이 나타난다.

> 예 가: 집에 누구 계세요?
>
> 나: 아니요. <u>아무도</u> 안 계세요. 모두 외출하셨어요.
>
> 가: 시험시간에는 <u>아무 데도</u> 가면 안 돼요. 그리고 <u>아무것도</u> 이야기하면 안 돼요.
>
> 나: 네, 알겠습니다.
>
> 가: 저 로또에 당첨됐어요.
>
> 나: 어머! 진짜요?
>
> 가: 비밀이니까 <u>아무에게도</u> 이야기하면 안 돼요.

35.3. -에 관해(서)/관하여/관한/대해서(대하여)/대한

의미 어떤 상황이나 상태, 사물을 대상으로 뒤의 문장이 그것에 대해 생각하거나 행동하는 등 관계하고 있음을 나타내는 표현이다.

→ 형태

N + -에 관해(서)/관하여		
삶	삶 + 에 관해서	삶에 관해서
건강	건강 + 에 관해서	건강에 관해서
행복	행복 + 에 관해서	행복에 관해서
의지	의지 + 에 관해서	의지에 관해서

→ 사용

(1) 어떤 상황이나 상태, 사물에 관계하고 있음을 나타낸다.

> 예 가: 점점 나이가 드니 <u>삶에 관해서</u> 생각이 많아져요.
>
> 나: 저도 그래요. 어떻게 사는 것이 가치 있는 삶일까요?
>
> 가: 오늘은 <u>건강에 관하여</u> 각자의 의견을 이야기해 봅시다.
>
> 나: 그럼 제가 먼저 <u>건강에 관한</u> 생각을 이야기 하겠습니다.

(2) 'N+-대해서(대하여)'로 나타낼 수도 있다.

> 예 가: 요즘 싸이의 강남 스타일이 인기가 많습니다.
>
> 강남 <u>스타일에 대해서</u> 어떻게 생각하십니까?
>
> 나: 저는 강남 <u>스타일에 대하여</u> 아주 재미있는 노래라고 생각합니다.

35.4. -(으)ㄴ 척(체)하다

> 의미 어떤 상황에서 행위를 하지 않았는데도 그러한 행위를 한 것처럼 거짓
> 으로 꾸며 나타내는 표현이다.

→ **형태**

구분		과거	현재
동사	받침(○)	-은 척하다	-는 척하다
	받침(X),ㄹ	-ㄴ 척하다	
형용사	받침(○)	-은 척하다	-은 척하다
	받침(X),ㄹ	-ㄴ 척하다	-ㄴ 척하다
명사		-인 척하다.	

→ **사용**

(1) 어떤 상황을 거짓으로 꾸며 나타내는 표현이다.

예 가: 산에서 곰을 만나면 죽은 척하세요.

　　나: 왜요?

　　가: 곰은 죽은 사람을 안 잡아먹는데요.

　　가: 소개팅에서 음식을 조금 먹는 척했더니 배가 고파요.

　　나: 아이구~ 많이 드세요.

(2) '-(으)ㄴ 체하다'를 사용하기도 한다.

예 가: 그 이야기 알아요?

　　나: 아니요. 사실은 모르는데 아는 체했어요.

35.5. -아/어 버리다

의미 어떤 상황이 완료되어 아무 것도 남지 않았거나, 마음의 부담이 없어져 아쉬움을 나타내기도 한다.

➔ 형태

동사 + -아/어 버리다					
동사	ㅏ, ㅗ	-아 버리다	가다 잡다	가+아 버리다 잡+아 버리다	가 버리다 잡아 버리다
	ㅓ, ㅜ, ㅡ, ㅣ ……	-어 버리다	끝내다 먹다	끝내+어 버리다 먹+어 버리다	끝내 버리다 먹어 버리다
	-하다	-해 버리다	하다	하+여 버리다	해 버리다

➔ 사용

(1) 어떤 상황이 모두 끝나서 아무 것도 남지 않았음을 나타낸다.

> 예 가: 식탁 위에 있던 케이크는 어디 갔어요?
> 나: 조금 남아서 제가 다 <u>먹어 버렸어요</u>.

(2) 어떤 상황이 모두 끝나서 마음의 부담이 없어졌음을 나타낸다.

> 예 가: 일을 다 <u>끝내어 버려서</u> 날아 갈 것 같아요.
> 나: 부러워요. 저는 아직 해야 할 것이 남았어요.

(3) 어떤 상황이 모두 끝나서 아쉬움을 나타낸다.

> 예 가: 어머, 버스가 출발했어요.
> 나: 이런 늦었더니 버스가 <u>가 버렸군요</u>.

35.6. -는 대로

의미 앞선 동작이나 상태가 끝나는 바로 그 다음을 나타낸다. 또한 앞선
동작이나 상태와 같은 모양을 나타내기도 한다.

➡ **형태**

동사 + -는 대로		
가다 먹다 도착하다	가 + 는 대로 먹 + 는 대로 도착하 + 는 대로	가는 대로 먹는 대로 도착하는 대로

➡ **사용**

(1) 앞선 동작이나 상태가 끝나는 바로 그 다음을 나타낸다.

> 예 고향에 <u>도착하는 대로</u> 전화 주세요.
>
> 아침을 <u>먹는 대로</u> 가겠습니다.

(2) '-는 대로'와 '-자마자'의 비교

　① '-는 대로'는 모든 상황에서 쓰이나 '-자마자'는 과거 사실에 더 많이 쓰인다.

> 예 <u>출근하자마자</u> 비가 내리기 시작했어요.
>
> 집에 <u>가자마자</u> 벨이 울렸어요.

　② '-는 대로'는 앞서 어떤 동작이 일어나고 그와 관련된 뒤의 동작이 일어남을 나타낸다. 그러나 '-자마자'는 앞선 동작이 일어났을 때 만을 가리키므로 뒤의 동작과의 연관이 적어서 앞뒤 상황이 우연적인 경우에 사용한다.

> 예 가: 왜 옷이 젖었어요? 물싸움이라도 했어요?
>
> 나: 아니요. <u>외출하자마자</u> 비가 왔어요.

(3) '부정+-는 대로'는 사용하지 않는다.

> 예 가: 도착하지 <u>못하는 대로</u> 전화 주세요.(X)

　　　나: 먹지 <u>않는 대로</u> 가겠습니다.(X)

35.7. -는 둥 마는 둥

의미 　어떤 일을 열심히 하지 않거나 제대로 하지 않음을 나타낸다.

→ 형태

동사 + -는 둥 마는 둥		
보다 먹다 운동하다	보 + 는 둥 마는 둥 먹 + 는 둥 마는 둥 운동하 + 는 둥 마는 둥	보는 둥 마는 둥 먹는 둥 마는 둥 운동하는 둥 마는 둥

→ 사용

(1) 어떤 일을 열심히 하지 않거나 제대로 하지 않음을 나타낸다.

　　예　가: 영화가 어땠어요?
　　　　나: 영화가 재미없어서 <u>보는 둥 마는 둥</u> 했어요.

　　　　가: 더 드세요.
　　　　나: 아니에요. 괜찮아요.
　　　　가: <u>먹는 둥 마는 둥</u> 하니 살이 안찌는 거예요. 조금만 더 드세요.
　　　　나: 그럼 조금 더 먹을까요?

　　　　가: 어제 잠을 <u>잔 둥 만 둥</u> 했더니 피곤하네요.
　　　　나: 그러게요. 조금 피곤해 보여요.

　　　　가: 로빈 씨가 얘기를 <u>할 둥 말 둥</u> 하더니 말더라.
　　　　나: 얘기 못 할 이유가 있겠지요.

35.8. -는 길에

의미 '가다, 오다' 등과 결합하여 그 행위를 하는 '도중이나 기회'를 나타낸다.

➔ 형태

동사 + -는 길에		
가다	가 + 는 길에	가는 길에
오다	오 + 는 길에	오는 길에
다니다	다니 + 는 길에	다니는 길에
퇴근하다	퇴근하 + 는 길에	퇴근하는 길에

➔ 사용

(1) '가다, 오다' 등과 결합하여 그 행위를 하는 '도중이나 기회'를 나타낸다.

> 예 가: 여보세요?
>
> 나: 저예요. 집에 들어오는 길에 케이크 좀 사오세요.
>
> 가: 그게 뭐예요?
>
> 나: 퇴근하는 길에 사과를 좀 샀어요.
>
> 가: 지금 도서관 가시지요? 도서관 가시는 길에 제 책도 반납 부탁드려요.
>
> 나: 네, 알겠습니다.

(2) '-는 길에'와 결합하는 동사는 '가다, 오다, 나가다, 나오다, 들어가다, 들어오다, 돌아가다, 돌아오다, 출근하다, 퇴근하다' 등이다.

(3) '-는 길에'와 '-는 도중에'를 비교하면, '-는 길에'는 문장 결합의 제약

을 받지만, '-는 도중에'는 자유롭게 쓸 수 있다.

예 책을 <u>읽는 도중에</u> 전화가 왔다.(O)

　　책을 <u>읽는 길에</u> 전화가 왔다.(X)

| 참고문헌 |

고영근 · 구본관(2008), 『우리말 문법론』, 집문당.
국립국어원(2005), 『외국인을 위한 한국어 문법 1,2』, 커뮤니케이션북스.
_____(2007), 『여성결혼이민자를 위한 한국어 첫걸음』,도서출판 역락.
권재일(1994), 『한국어 문법의 연구』, 박이정.
김광해 외(2008), 『국어지식탐구』, 도서출판 박이정.
김진호, 정영벽(2010), 『외국인을 위한 한국어 문법』, 역락.
김진호(2010), 『외국인을 위한 한국어 문법1』, 박이정.
_____(2010), 『외국인을 위한 한국어 문법2』, 박이정.
김하수 외(2009), 『한국어교육을 위한 한국어 연어사전』, 커뮤니케이션북스.
_____(2009), 『한국어교육을 위한 한국어 연어목록』, 커뮤니케이션북스.
남기심 · 고영근(2011), 『표준국어 문법론』, 탑출판사.
도원숙 외(2006), 『외국인을 위한 쉬운 한국어 문법』, Language plus.
민현식(1999), 『국어 문법 연구』, 역락.
_____(2001), 『국어 정서법 연구』, 태학사.
박덕유(2009), 『학교 문법론의 이해』, 도서출판 역락.
_____(2010), 『외국인을 위한 한국어』, 박문사.
_____ 외(2011) 『한국어 학습자를 위한 음운교육 연구』, 박문사.
_____ 외(2012) 『한국어 학습자를 위한 문법교육 연구』, 박문사.
_____(2012), 『중세국어문법의 이론과 실제』, 박문사.
박영순(2002), 『한국어문법교육론』, 박이정.
백봉자(2007), 『외국어로서의 한국어 문법 사전』, 하우.
서경숙(2007), 『7일만에 끝내는 한국어 입문』, Language plus.
이관규(2002), 『학교문법론』, 월인.
_____(2008), 『학교 문법 교육론』, 고려대학교 민족문화연구원.

이미혜(2005), 『한국어 문법 항목 교육 연구』, 박이정.

이은정 외(2010), 『국어 어문 규정집』, 대한교과서(주).

이익섭(2007), 『국어학개설』, 학연사.

_____(2010), 『한국어 문법』, 서울대학교출판문화원.

이주행(2011), 『알기 쉬운 한국어 문법론』, 역락.

임지룡 외(2005), 『학교문법과 문법교육』, 박이정.

_____(2010), 『문법 교육론』, 역락.

최재희(2006), 『한국어 교육 문법론』, 태학사.

하치근(2005), 『우리말 연구의 이론과 실제』, 한국문화사.

한국방송통신대학교 평생교육원 편(2008), 『외국어로서의 한국학』, 한국방송통신대학교 출판부.

_____(2009), 『외국어로서의 한국어교육학』, 한국방송통신대학교 출판부.

한국어문학연구소 외(2012), 『한국어 교육의 이론과 실제1』, 아카넷.

한재영 외(2005), 『한국어 교수법』, 태학사.

_____(2008), 『한국어 문법 교육』, 태학사.

허 용 외(2009). 『외국어로서의 한국어교육학 개론』, 도서출판 박이정.

홍종선 외(2003), 『한국어 문법론의 연구 현황과 과제』, 박이정.

국립국어원 표준국어대사전, http://stdweb2.korean.go.kr/main.jsp

고려대학교 한국어문화센터(2008), 『재미있는 한국어1』, (주)교보문고.

_____(2010), 『재미있는 한국어2』, (주)교보문고.

_____(2010), 『재미있는 한국어3』, (주)교보문고.

_____(2010), 『재미있는 한국어4』, (주)교보문고.

_____(2010), 『재미있는 한국어5』, (주)교보문고.

_____(2010), 『재미있는 한국어6』, (주)교보문고.

김중섭 외(2011), "국제통용 한국어교육 표준모형 2단계 어휘부록", 국립국어원.

_____(2008), 『한국어 초급1』, 경희대학교 출판국.

_____(2008), 『한국어 초급2』, 경희대학교 출판국.

_____(2008), 『한국어 중급3』, 경희대학교 출판국.

_____(2008), 『한국어 중급4』, 경희대학교 출판국.

_____(2008), 『한국어 고급5』, 경희대학교 출판국.

_____(2008), 『한국어 고급6』, 경희대학교 출판국.

연세대학교 한국어학당(2007), 『연세한국어 1』, 연세대학교 출판부.

_____(2007), 『연세한국어 2』, 연세대학교 출판부.

_____(2008), 『연세한국어 3』, 연세대학교 출판부.

_____(2008), 『연세한국어 4』, 연세대학교 출판부.

_____(2009), 『연세한국어 5』, 연세대학교 출판부.

_____(2009), 『연세한국어 6』, 연세대학교 출판부.

서강대학교 한국어교육원(2007), 『서강한국어 Student Book 1A』, 도서출판 하우.

_____(2006), 『서강한국어 Student Book 1B』, 도서출판 하우.

_____(2008), 『서강한국어 Student Book 2A』, 도서출판 하우.

_____(2006), 『서강한국어 Student Book 2B』, 도서출판 하우.

_____(2008), 『서강한국어 Student Book 3A』, 도서출판 하우.

_____(2008), 『서강한국어 Student Book 3B』, 도서출판 하우.

_____(2006), 『서강한국어 Student Book 4A』, 도서출판 하우.

_____(2006), 『서강한국어 Student Book 4B』, 도서출판 하우.

_____(2010), 『서강한국어 Student Book 5A』, 도서출판 하우.

_____(2010), 『서강한국어 Student Book 5B』, 도서출판 하우.

서울대학교 언어교육원(2009), 『한국어1』, ㈜문진미디어.

_____(2009), 『한국어2』, ㈜문진미디어.

_____(2000), 『한국어3』, ㈜문진미디어.

성균어학원 한국어교재 편찬위원회(2006), 『말하기 쉬운 한국어1』, 성균관대학교 출판부.

_____(2007), 『말하기 쉬운 한국어2』, 성균관대학교 출판부.

_____(2007), 『말하기 쉬운 한국어3』, 성균관대학교 출판부.

_____(2007), 『말하기 쉬운 한국어4』, 성균관대학교 출판부.

_____(2007), 『말하기 쉬운 한국어5』, 성균관대학교 출판부.

_____(2006), 『말하기 쉬운 한국어6』, 성균관대학교 출판부.

이화여자대학교 언어교육원(2006), 『말이 트이는 한국어1』, 이화여자대학교출판부.

_____(2006), 『말이 트이는 한국어2』, 이화여자대학교출판부.

_____(2000), 『말이 트이는 한국어3』, 이화여자대학교출판부.

_____(2002), 『말이 트이는 한국어4』, 이화여자대학교출판부.

인하대학교 한국어교재 편찬위원회(2009), 『인하한국어1』, 인하대학교 출판부.

_____(2009), 『인하한국어2』, 인하대학교 출판부.

_____(2010), 『인하한국어3』, 인하대학교 출판부.

_____(2010), 『인하한국어4』, 인하대학교 출판부.

최정순 외(2008), 『배재한국어1』, 배재대학교 출판부.

_____(2008), 『배재한국어2』, 배재대학교 출판부.

_____(2007), 『배재한국어3』, 배재대학교 출판부.

_____(2007), 『배재한국어4』, 배재대학교 출판부.

한양대학교 국제어학원(2008), 『한양 한국어1』, 한양대학교 출판부.

_____(2008), 『한양 한국어2』, 한양대학교 출판부.

_____(2010), 『한양 한국어3』, 한양대학교 출판부.

| 찾아보기 |

▌저자약력▌

박덕유

인하대학교 사범대학 국어교육과 교수

〈문법〉 관련 저서
　　한국어학습자를 위한 문법교육 연구(2012)
　　한국어학습자를 위한 음운교육 연구(2011)
　　한국어의 相 이해(2007)
　　학교문법론의 이해(2006, 2008)
　　문법교육의 이론과 실제(2005)
　　문법교육의 탐구(2002)
　　중세국어강해(1999)
　　동사상의 이해(1998)

이옥화

인하대학교 언어교육원 강사
한국어학습자를 위한 문법교육 연구(2012)

송경옥

인하대학교 언어교육원 강사

한국어문법의 이론과 실제

초판인쇄 2013년 02월 20일
초판발행 2013년 02월 28일

저   자 박덕유·이옥화·송경옥
발 행 인 윤석현
발 행 처 도서출판 박문사
책임편집 이신
마 케 팅 권석동
등록번호 제2009-11호

우편주소 서울시 도봉구 창동 624-1 북한산현대홈시티 102-1106
대표전화 (02)992-3253
전   송 (02)991-1285
전자우편 bakmunsa@daum.net
홈페이지 http://www.jncbms.co.kr

ISBN 978-89-98468-01-9 93710   정가 14,000원